DIREITO ACHADO NA RUA E O MOVIMENTO QUILOMBOLA NA AROEIRA EM PEDRO AVELINO/RN

EMMANOEL ANTAS FILHO

Advogado, Professor de Direito e Mestre em Serviço Social e Direitos Sociais pela UERN

DIREITO ACHADO NA RUA E O MOVIMENTO QUILOMBOLA NA AROEIRA EM PEDRO AVELINO/RN

Copyright © 2024
All rights reserved.

OWL – EDITORA JURÍDICA
editora@owl.etc.br • www.owl.etc.br

CONSELHO EDITORIAL
Ana Beatriz Ferreira Rebello Presgrave
Carlos Wagner Dias Ferreira
Edilson Pereira Nobre Júnior
Francisco Barros Dias
Francisco de Queiroz Bezerra Cavalcanti
José Orlando Ribeiro Rosário
Hallyson Rêgo Bezerra
Leonardo Oliveira Freire
Marcelo Alves Dias de Souza
Marcelo Navarro Ribeiro Dantas
Marcelo Pinto da Costa Neves
Marco Bruno Miranda Clementino
Maria dos Remédios Fontes Silva
Olavo Hamilton Ayres Freire de Andrade
Paulo Afonso Linhares
Thiago Oliveira Moreira
Walter Nunes da Silva Júnior

Direito Achado na Rua e Movimento Quilombola na Aroeira em Pedro Avelino/RN /
  Emmanoel Antas Filho – Natal : OWL, 2024.
  209p.

  ISBN: 9798326813718

  1. Direito achado na rua. 2. Movimento social quilombola.

Aos meus pais,
Alba Bezerra Antas e
Emmanoel Antas (Barrué).

PREFÁCIO

Este livro é fruto da empatia de um autor que conserva a capacidade de, assim como o revolucionário argentino, "tremer de indignação a cada vez que se comete uma injustiça no mundo". Sem lugar de fala, mas se propondo a contribuir efusivamente à luta pelo direito dos quilombolas, Emmanoel Antas Filho faz uma inovadora pesquisa desse importante movimento social e o contextualiza na teoria do "Direito Achado na Rua" – é sua contribuição científica à reparação histórica que os descendentes dos escravizados tanto necessitam.

O tema é importante e está na pauta dos direitos humanos e sociais. O movimento quilombola refere-se à luta coletiva das comunidades remanescentes dos quilombos no Brasil, que são grupos historicamente formados por descendentes de africanos escravizados que fugiram ou resistiram à escravidão. Este movimento é fundamental para a afirmação dos direitos humanos e da justiça social, atuando em várias frentes para garantir reconhecimento, direitos e justiça para essas comunidades.

Os quilombos surgiram durante o período colonial no Brasil como espaços de refúgio para escravos fugidos, constituindo-se como comunidades autônomas de resistência à opressão escravocrata. O mais famoso deles, o Quilombo dos Palmares, localizado na região da atual Alagoas, é símbolo dessa resistência, tendo sobrevivido por quase um século, até ser destruído em 1695.

O reconhecimento legal dos quilombos e dos direitos das comunidades quilombolas foi fortalecido com a Constituição Federal do Brasil de 1988, que concede aos remanescentes das comunidades dos quilombos o direito à propriedade definitiva de suas terras e determina a emissão dos títulos correspondentes.

Enquanto movimento social, tem como fundamento:

1. **Afirmação de Direitos**: a luta pela efetivação dos direitos constitucionais, como o direito à terra, à cultura, à educação, à saúde e à sustentabilidade econômica de suas comunidades. A titulação de terras quilombolas é essencial para proteger essas comunidades de conflitos fundiários e de pressões externas, como o desmatamento e a exploração mineral e agropecuária.
2. **Preservação Cultural**: ser guardião de uma vasta tradição cultural que inclui línguas, costumes, religiões, culinária e práticas agrícolas que são fundamentais para a diversidade cultural do Brasil. Promover e preservar essas tradições é uma forma de resistência contra a homogeneização cultural e a marginalização.
3. **Educação e Conscientização**: por meio de diversas formas de ativismo, o movimento quilombola também trabalha para educar e conscientizar a sociedade brasileira sobre as questões raciais, a história da escravidão e os direitos das populações negras. Isso inclui a luta pelo ensino de história africana e afro-brasileira nas escolas.
4. **Desenvolvimento Sustentável**: Muitas comunidades quilombolas estão envolvidas em práticas de desenvolvimento sustentável que protegem o meio ambiente enquanto fornecem meios de subsistência para seus membros. Isso inclui a agricultura orgânica, o manejo sustentável de recursos naturais e o ecoturismo.

Apesar dos avanços, as comunidades quilombolas ainda enfrentam muitos desafios, incluindo a lentidão no processo de titulação de terras, a falta de infraestrutura básica, o preconceito e a violência. A luta continua sendo uma manifestação essencial de resistência e afirmação de direitos em um contexto de desigualdades sociais e raciais persistentes.

O grande mérito de Emmanoel Antas Filho, no presente livro, em um estudo do Quilombo Aroeira em Pedro Avelino/RN, cidade onde estão fincadas suas raizes, é fornecer ao movimento um marco teórico para a luta e afirmação dos direitos que lhes são inerentes: o "Direito Achado na Rua".

A teoria do "Direito Achado na Rua" é uma concepção de direito que busca enfatizar e legitimar as práticas sociais e os movimentos populares como fontes criadoras de normas jurídicas, defendendo um acesso mais democrático e inclusivo ao direito.

O principal teórico por trás dessa concepção é o jurista brasileiro José Geraldo de Sousa Junior. Ele, junto com outros acadêmicos e colaboradores, como Antônio Carlos Wolkmer e Roberto Lyra Filho, desenvolveu e expandiu a ideia.

José Geraldo de Sousa Junior, professor e ex-Reitor da Universidade de Brasília (UnB), tem sido um dos maiores divulgadores dessa teoria. Sousa Junior enfatiza a importância de reconhecer as práticas e lutas sociais como processos de criação de normas jurídicas que refletem as reais necessidades e demandas das camadas mais desfavorecidas da sociedade.

A teoria do "Direito Achado na Rua" surgiu no Brasil durante os anos 1980, em um período marcado pela redemocratização do país após duas décadas de regime militar. Esse contexto foi de intensa efervescência social e política, com a emergência de diversos movimentos sociais que lutavam por direitos e justiça, como movimentos por moradia, reforma agrária, direitos trabalhistas, entre outros.

A ideia central é que o direito não apenas emerge das "ruas" — ou seja, da sociedade civil — mas também deve ser interpretado e aplicado de maneira a refletir e respeitar essas origens populares. Isso implica um foco no pluralismo jurídico, na democratização do acesso ao direito e na legitimidade das formas alternativas de justiça e criação normativa.

Essa teoria tem sido utilizada para fundamentar e legitimar juridicamente as demandas de movimentos sociais e para criticar a distância muitas vezes existente entre o direito oficial e as realidades sociais, promovendo uma visão mais inclusiva e participativa do direito, onde diferentes vozes e experiências são reconhecidas e valorizadas no processo jurídico.

Sobre o texto, agora livro, José Geraldo de Sousa Júnior afirmou que "a narrativa de Emmanoel, [...] fez evocar em minhas memórias juvenis, as crônicas que tantas vezes serviram de cortina para fazer penumbra a uma sociedade patrimonialista, em arranjo decolonial, com os contornos de um legado escravocrata, mesmo entre 'bons' senhores de escravos".

Com esta obra, Emmanoel Antas Filho não só contribui à compreensão dos quilombolas enquanto movimento social no contexto da luta pelo direito, como também se habilita, de forma despretenciosa, a ser um dos divulgadores e colaboradores do "Direito Achado na Rua". Boa leitura!

Mossoró, 13 de maio de 2024.

Olavo Hamilton
Advogado

SUMÁRIO

PREFÁCIO 7
1. INTRODUÇÃO 13
2. MOVIMENTOS SOCIAIS E O DIREITO ACHADO NA RUA 29
   2.1 MOVIMENTOS SOCIAIS: CONCEITOS, OBJETIVOS, RELEVÂNCIA 38
   2.2 DIREITO ACHADO NA RUA: CONCEITOS, OBJETIVOS, RELEVÂNCIA 57
   2.3 MOVIMENTO SOCIAL COMO SUJEITO COLETIVO DE DIREITOS 76
3. MOVIMENTO SOCIAL QUILOMBOLA E QUILOMBOS NO ESTADO DO RIOGRANDE DO NORTE 85
   3.1 MOVIMENTO SOCIAL QUILOMBOLA: CONCEITOS FUNDAMENTAIS E IMPORTÂNCIA HISTÓRICA 88
   3.2 QUILOMBOS NO RIO GRANDE DO NORTE: HISTÓRICO, RECONHECIMENTO, DEMARCAÇÕES E FUNDAMENTOS LEGAIS 117
   3.3 O QUILOMBO AROEIRA NO MUNICÍPIO DE PEDRO AVELINO/RN 142
4. MOVIMENTO SOCIAL QUILOMBOLA E O DIREITO ACHADO NA RUA: UMA ANÁLISE DA ORGANIZAÇÃO E LUTA DO QUILOMBO AROEIRA EM PEDRO AVELINO/ RN 159
   4.1 O QUILOMBO AROEIRA: AS VOZES DE SEUS SUJEITOS MEDIANTE DOCUMENTOS E PROCESSO DE TITULAÇÃO 160
   4.2 QUILOMBO AROEIRA: EXPRESSÃO DO DIREITO ACHADO NA RUA 175
5. CONCLUSÃO 185
REFERÊNCIAS 195

1. INTRODUÇÃO

Importante momento da história do Brasil conserva feridas indeléveis em razão da escravização do período colonial, que até hoje permanecem abertas e expirando seus efeitos na sociedade, trazendo sérios reflexos para a questão étnico-racial hodierna, pois põe o negro num patamar bem inferior aos brancos, em se tratando de igualdade de direitos e oportunidades.

O racismo, o preconceito e o mito da democracia racial precisam ser extirpados das práticas humanas, dentro de um processo de lutas e resistência, sendo fundamental trabalhar cientificamente algumas dessas categorias, passando por um estudo histórico de análise de suas origens, e, ao mesmo tempo, buscando compreender e contribuir para o alcance de soluções ou medidas que possam mitigar esse grave problema social. A desigualdade racial no Brasil é um fator de agravamento das camadas populares brasileiras. As pesquisas explicitam o que o Movimento Negro já apontava há muitos anos, que a pobreza, no Brasil, tem cor (MUNANGA, 2006).

A presente obra, intitulada "Direito Achado na Rua e o Movimento Quilombola na Aroeira em Pedro Avelino- RN", buscou respostas para o problema que deu impulso inicial à esta investigação, que se tratava de saber se o quilombo da Aroeira, em Pedro Avelino-RN, é expressão do Direito Achado na Rua.

Buscando respondê-lo a este questionamento inicial, são abordadas detidamente as categorias constantes do tema, importando fazer uma narração histórica acerca do escravismo no estado do Rio Grande do Norte, trazendo aspetos desde a chegada do negro, exploração do trabalho do escravizado, até a abolição vista sob diferentes prismas de análise.

O viso desta análise não é na linha de abordagem do escravismo como folclore ou romantização escorada nos princípios da revolução francesa, mas como símbolo de resistência e de lutas (LEITE, 2000).

A centralidade aqui se direciona em analisar se o quilombo da Aroeira em Pedro Avelino-RN é expressão do Direito Achado na Rua, ponto este que terá cada elemento dissecado nos capítulos que se seguirão, ficando à cargo da última parte fazer a articulação entre o que se foi apreendido a partir da análise de documentos, dos referenciais teóricos abordados e o quilombo objeto do estudo.

De maneira inicial, pretendeu-se, especificamente, conhecer a formação e as origens do grupo dentro de um contexto histórico no qual ele se insere, por se tratar de descendentes de escravizados reunidos por questões étnicas-raciais, com objetivo de lutas e resistência.

Embora não seja a intenção primeira esmiuçar historicamente o movimento negro e a escravidão, essa atividade se torna fundamental, para melhor situar-se acerca do tema proposto, bem como explicar o processo de formação dos quilombos a partir de suas raízes, abordar como se deu o processo da chegada do negro no Estado do Rio Grande do Norte, a atividade desenvolvida, até a formação dos quilombos, enfatizando essa evolução. Esse percurso teórico e metodológico revelará, minimamente, a amplitude da questão quilombola.

A relevância dessa pesquisa pode ser constatada quando o trabalho tende a conhecer uma comunidade ainda não estudada sob esses aspectos, para trazer informações e falar do conhecimento desta como expressão do Direito Achado na Rua, percebendo a importância de suas lutas e suas conquistas enquanto movimento social quilombola.

O fato do autor dessa produção ter raízes oriundas da zona rural do município de Pedro Avelino, que tem origem anterior ao próprio município, é motivação pessoal da pesquisa e facilitou a angariação de documentos.

Coligado a esse fator, outra importante motivação foi pesquisar sobre Direito Achado na Rua, trabalhando-o não como ordem, mas como "legítima expressão da liberdade" (LYRA FILHO, 1982), analisando seus elementos e a relação com as lutas dos movimentos sociais.

É fundamental observar uma evolução do Direito, servindo-se de posicionamentos doutrinários que tratam das formas de efetivas conquistas de Direitos Humanos, com significativa importância, dada às contribuições dos Movimentos Sociais e do Direito Achado na Rua como um instrumento de lutas e vitórias.

Noutro quadrante, mas no mesmo norte, estudar quilombos e

Movimento Social Quilombola exigiu um exercício dialético para compreender o presente considerando fatos históricos que contribuíram para excluir a população negra e a afastar da igualdade de direitos com outras raças.

Aqui aborda-se a importância do grupo dentro de um contexto histórico, no espaço público, diante das questões sociais e políticas de lutas e conquistas de direitos do sujeito coletivo por ele formado.

Importará perceber a relevância do estudo do sujeito coletivo de direito como participante das conquistas, onde foi analisada a sua formação e o seu papel dentro do contexto histórico, dentro das limitações temporais. Nesta relação, é fundamental fazer um elo das categorias, agrupando elementos, ligando as expressões presentes nos objetivos acima aludidos.

Conhecer a comunidade quilombola e analisar a sua organização enquanto sujeito coletivo de direito é fundamental para a discussão desse movimento negro no país. Realizar a pesquisa científica e trazê-la à público, estudando como se dão as lutas das quais emanam o "Direito Achado na Rua", terá o condão de contribuir para resolução de problemas sociais históricos. Essa é a preocupação da contribuição da pesquisa para qual Ana Beatriz Oliveira Reis (2015) chama a atenção e alude o cuidado.

> No campo das ciências sociais, existem muitas pesquisas científicas com o propósito de contribuir, em tese, para a resolução de problemas estruturais da nossa sociedade, seja fornecendo novos instrumentos analíticos para o estudo de

determinadas situações, viabilizando sujeitos que não são representados de fato no nosso sistema político ou ainda propondo soluções com base empírica para melhorar a vida de pessoas e comunidades, por exemplo. Em tese porque muitas dessas pesquisas, se não forem conduzidas de maneira correta, podem estigmatizar ainda mais sujeitos e processos de forma a agravar situações de marginalidade (REIS, 2015, p. 154).

Dentro dessa pesquisa, ponto fulcral foi analisar se a comunidade quilombola da Aroeira se configura expressão do Direito Achado na Rua, importando perceber a relevância do estudo desta categoria, seu papel dentro do contexto histórico, identificando como vivenciam suas relações, seus interesses, suas pautas, como elaboram suas identidades e afirmam direitos.

Além de revisão bibliográfica, esta produção aconrou-se em documentos coletados junto aos órgãos oficiais como INCRA, Prefeitura Municipal de Pedro Avelino, Fundação Palmares e Associação São Francisco do Quilombo Aroeira.

Ainda como fonte documental, foram utilizados para fomentar a pesquisa, atas, convênios, contratos, programas, documentos históricos, estatuto da Associação São Francisco, além do processo de titulação do território do quilombo. Importantes documentos foram também disponibilizados pela direção da associação.

O processo de titulação da terra correspondente ao território do quilombo, que tramita junto ao INCRA, possui cadastro de todas as famílias até 2013, o Relatório Técnico de Identificação e Delimitação (RTID), composto pelo estudo antropológico com entrevistas, fotografias, dados, árvore genealógica, relatos e mapas. Começou a tramitar no ano de 2006 e até julho de 2020 encontrava-se com o relatório concluído e pendente de andamento.

Com dados recentemente atualizados, foram utilizados documentos do Cadastro Único do Programa Bolsa Família, de onde são extraídas informações sobre os quilombolas e sobre o quilombo, bem como outras informações oficiais acerca da comunidade e das famílias que a compõe.

Através de pesquisa bibliográfica e documental, buscando documentos oficias e outros da Associação no espaço temporal decorrido do ano de 2006 até a data de 2020, tempo em que foi dado o impulso inicial do autorreconhecimento e às lutas para conquista dos títulos de terras junto ao INCRA, foi possível conhecer importantes revelações das práticas da comunidade enquanto sujeito coletivo de direitos e expressão do Direito Achado na Rua.

A análise documental consistiu, ainda, em estudar os documentos que remetem à fundação da associação da comunidade, atas de reuniões, fotografias, matérias sobre a comunidade e, especialmente, documentos oficiais de órgãos públicos como Instituto Brasileiro de Geografia e Estatística (IBGE) e Instituto Nacional de Colonização e Reforma Agrária (INCRA), Prefeitura do Município de Pedro Avelino.

Na segunda parte desta obra é trabalhado o conceito de Direito Achado na Rua, passando pela sua concepção, objetivos e relevância dentro do contexto social e político, fazendo a relação com o movimento social, abordando o Movimento Social

Quilombola, identificando-o e analisado-o como Sujeito Coletivo de Direitos. Neste capítulo será contemplado o objetivo de analisar o Movimento Social Quilombola como sujeito coletivo de direito.

Os movimentos sociais como instrumento de lutas e de emergência do Direito Achado na Rua são importante aspecto do capítulo, que também trabalha a instrumentalidade do Direito sob essa perspectiva, para conquista de direitos sociais, humanos e os atinentes à cidadania.

Por fundamental, como principal referencia teórica, importa trazer à baila a doutrina do jurista brasileiro Lyra Filho (1982; 1982; 1986), com sua ímpar contribuição para essa nova perspectiva de apreciação do Direito, bem como outros relevantes trabalhos desenvolvidos a partir da Nova Escola Jurídica Brasileira, a NAIR, com a contribuição de José Geraldo de Souza Júnior, Alexandre Bernardino, e tantos outros juristas, sociólogos, cientistas sociais, que também se dedicaram ao tema.

Todavia, o percurso para chegar a esse momento permitirá antes conceituar o Direito Achado na Rua como uma nova forma de percepção do direito, identificando sua influência decorrente de premissas marxistas, desde a origem da palavra "rua" até a sua apreciação dentro de um processo histórico e dialético.

Trazer importantes contribuições fora do direito positivo e natural, mostrar a antinomia que estagnava a percepção do Direito, fugindo da concepção de que Direito é apenas a Lei e o que ela expressar, fará perceber que o seu nascimento não se configura apenas como a norma, mas, especialmente, por essa forma, como uma expressão da liberdade para proteção dos oprimidos e espoliados (SOUZA JÚNIOR, 2011).

Neste liame, essa parte também se dedica a trabalhar a influência dos Movimentos Sociais para lutas e conquistas, assim como afirmação da necessidade de um estado verdadeiramente democrático, por terem eles papel preponderante na aquisição de direitos, especialmente Direitos Humanos.

Tratar de direito e liberdade já é um desafio. Tratar do direito como expressão da liberdade se configura algo ainda mais desafiador, o que poderá ser percebido e compreendido pelo referencial teórico de Lyra Filho (1982, 1982, 1986), Souza Júnior (2008, 2015, 2016, 2020), Costa (2009), Santos (1994, 2000, 2007, 2018), Wolkmer (2001, 2003, 2018) e Chauí (1986, 2003, 2014).

Em privilégio a uma análise dialética, outros posicionamentos, ainda que contrários, por priorizarem teorias positivistas ou naturalistas, são trazidos para construção do entendimento, dentre os quais o pensamento de Kelsen (1998), John Locke (citado por COUTINHO, 2005, p. 148) e Kant (citado por BISOL, 1986, p. 233-234), mesmo que afirmem e concluam por uma linha de perspectiva diferente da aferida na presente produção.

É objetivo específico dessa parte da obra analisar os Movimento Socais como Sujeito Coletivo de Direito e como campo de onde emerge o Direito Achado na Rua, trazendo conceito central de sujeito coletivo de direito e do Direito achado na Rua para servir como base de articulação necessária ao capítulo seguinte, quando serão analisadas com o quilombo objeto da pesquisa.

Fazer essa categorização e analisar o Direito Achado na Rua, emergindo dessas práticas sociais, inclusive no movimento social quilombola, é o objetivo da segunda parte da obra.

Pode ser encontrado nessa parte, ainda, os conceitos, objetivos e importância dos Movimentos Sociais em geral para conquistas de direitos sociais, cidadania, direitos humanos, tudo sob o aspecto da instrumentalidade dos movimentos, como um campo de fluxo e refluxo do Direito Achado na Rua. Para discussão desse aspecto, Gohn (1997) é referência fundamental.

A luta e a organização do povo quilombola na busca por direitos sociais também estarão sendo objetos da abordagem, estudando-se esse movimento social cada vez mais representativo e relevante nas lutas democráticas em favor não só dos negros dos quilombos, mas de todos aqueles que há mais de um século continuam a sofrer com o racismo, o preconceito e a opressão.

Importante problemática é levantada diante dos questionamentos se o Movimento Social quilombola se enquadraria como tradicional[1] ou Novo Movimento Social[2], bem como se a categoria de sujeito coletivo de direito se encaixa ao Movimento Social Quilombola. É trazido na parte final do capítulo a resposta à essas problemáticas erigidas, esteando-se em referenciais teóricos e metodológicos já citados, dentre outros.

---

[1] Movimentos relacionados ao movimento de classes, com pautas mais ligadas às questões economicistas. Melhor tratados no ítem 2.3 desse trabalho.
[2] Com pautas mais relacionadas à questões culturais, sociais.

Irão munir o último capítulo no fechamento da pesquisa documental, fotografias registradas pelo autor quando fez a aproximação com o campo empírico.

Para dar arrimo teórico a essa parte da obra abordada na terceira parte, no item sobre Movimento Social Quilombola: conceitos fundamentais e importância histórica, é utilizado um relevante referencial teórico, desde clássicos, como Malheiros (1866) e Rousseau (1973), até obras mais recentes, como Leite (2000), Arruti (2008), Almeida (1998, 2009, 2011) e Cavignac (2003).

Assim, antes de maiores digressões, importará fazer esse relato sucinto, histórico, em primeiro momento, para entender determinados fatos do processo escravagista e colonial no estado, relatando, também, como se processou a escravização no que atine ao trabalho, território e aos quilombos, até serem compreendidos como organização social e política. Neste capítulo, são tratados os aspectos históricos do referencial teórico.

No Brasil, o processo de escravização se deu no decurso da colonização, mais especificamente dos séculos XVI ao XIX, com escravizados trazidos do continente africano (FEMENICK, 2000), raptados para serem passivos das piores práticas humanas, deixando graves marcas na formação social até os dias atuais.

Durante o período colonial, no severo regime implantado aos escravizados, tolher a liberdade do ser humano o punha na posição de um ser animado pertencente a outros homens, sem que tivesse sequer personalidade jurídica ou que fosse sujeito de direitos.

Os graves problemas raciais que emanam da escravização no período colonial ainda permanecem atualmente e as suas práticas para enaltecer diferenças sociais não se dissipam, apesar de passados mais de 130 anos da libertação legal dos escravizados no Brasil.

A Lei Áurea não teve o poder de trazer a liberdade plena ao povo negro, exatamente porque amarras da discriminação e do preconceito, que já os prendiam, permanecem pujantes na prática discriminatória, agora juntas com invisíveis correntes, que, apesar dos aspectos históricos mutáveis, continuam a aprisionar o negro em todo país. É preciso desmistificar a ideia de que, após a assinatura da Lei Áurea, a situação dos negros, descendentes de africanos escravizados no Brasil, tornou-se harmoniosa e estável. Esta falsa ideia ainda paira no imaginário social (MUNANGA, 2006).

Destarte, antes de tratar sobre a escravização no Rio Grande do Norte, abordando os pontos acima expostos, é fundamental entender o que é quilombo, trazendo à baila conceitos fundamentais sobre essa categoria, considerando os aspectos legais da época da escravidão, passando por vários conceitos nesse deslinde histórico, até chegar aos dias atuais. Esse aspecto da pesquisa será municiado pelo referencial de Leite (2000), Arruti (2008), Almeida (1998, 2009, 2011), Cavignac (2003).

Uma vez compreendido o que é quilombo, é tratado o Movimento Social Quilombola no Estado do Rio Grande do Norte, trazendo à baila a evolução das lutas históricas do movimento negro, que calçaram os prélios atuais dos quilombolas antes mesmo de tal atuação ser reconhecida como Movimento Social.

Abordar-se-á, pois, históricos movimentos de luta em todo país, desde aqueles ligados à redemocratização contemporânea no Brasil, como o que se deu no Teatro Experimental do Negro (TEN), em 1944 (MUNANGA, 2006) e na "Marcha Zumbi dos Palmares pela vida e contra todas as formas de discriminação" (SILVA; TRIGO; MARÇAL, 2015), até chegar em movimentos sociais atuais, já sob a nomenclatura de Novos Movimentos Sociais, no qual está incluído o Quilombola.

Trazendo para o Estado do Rio Grande do Norte, importantes movimentos poderão ser constatados, com destaque para o Encontro de Comunidades Quilombolas do Sertão Cabugi, que acontece periodicamente na Região do Sertão Central do estado, do qual faz parte o quilombo da Aroeira (ARAÚJO, 2017).

Após tratar de quilombo e Movimento Social quilombola no estado, restará abordado cada um dos pontos do segundo item da primeira parte, que trata de Quilombos no RN: histórico, reconhecimento, demarcações e fundamentos legais, abordando fatos históricos do escravismo no período colonial, bem como da sua abolição. Serão tratados aspectos do escravismo e da realidade atual dos quilombos.

Compreender a situação histórica dos quilombos e dos movimentos sociais insta, também, de referências teóricas antigas, tais como Malheiros (1866), e recentes, como Soares e Piacentin (1995) e Gohn (1997), que contribuirão para esse entendimento.

Seguindo o segundo objetivo específico de identificar os interesses do grupo, será tratado, ainda neste tópico, sobre reconhecimento, demarcações e fundamentos legais dos quilombos no estado, esposando a dificuldade e a morosidade do processo que envolve a titulação da terra para o quilombo objeto de estudo, bem como para os demais quilombos que possuem processo em tramitação no Rio Grande do Norte.

Com informações do INCRA e da Fundação Cultural Palmares, é tratado o atraso que vive o estado no que atine à tramitação de processos, mas, especialmente, no que se refere à força de atuação do movimento social quilombola e ao despertar étnico dos quilombos, que ainda apresentam-se tímidos e pouco visíveis nessa unidade da federação (CAVIGNAC, 2003).

O território do quilombo é abordado não só como um espaço físico, mas como lugar onde se tem depositado suas tradições, seus costumes, onde se concentram e se conservam valores étnicos. A abordagem feita por esse prisma é bem descrita por Leite(2000), que percebe o quilombo, com uma ideia de nucleamento, de associação solidária em relação uma experiência intra e intergrupos, vendo a territorialidade como uma fronteira construída a partir de um modelo específico de segregação, mas que propicia condições de permanência de continuidade das referências simbólicas importantes à consolidação do imaginário coletivo (LEITE, 2000).

Embora não seja uma produção na linha do positivismo, tratar-se-á a legislação pertinente à questão territorial, comparando e comentando, bem como dando enfoque mais detido ao art. 68 da Constituição Federal dos ADCT e ao dispositivo normativo que trata do reconhecimento e demarcação, o Decreto 4.887, de 20 de novembro de 2003.

Outras normas também importantes são tratadas dentro de uma análise sistemática, incluindo-se os artigos 215 e 216 da Constituição Federal, a Convenção nº 169 da Organização Internacional do Trabalho, e o Decreto no 6.040, de 07 de fevereiro de 2007.

No tópico seguinte, que trata do Quilombo de Aroeira no Município de Pedro Avelino- RN, são trazidos dados oficiais do IBGE, bem como informações constantes de documentos, tratando desde a atividade desempenhada até outros critérios de caracterização, como território, limites, acesso, mapas, fotografias, conquistas da associação, projetos implementados, quantidade de famílias, meio de subsistência, espaço físico, bens e espaços utilizados pelo grupo de modo coletivo, além dos aspectos comuns que contribuem para aglutiná-lo como sujeito coletivo.

Em seguida, a quarta e última parte, é a parte central desta obra: é o ponto de conclusão e fechamento da pesquisa, onde está descrito o resultado da análise e consulta de documentos de convênios, parcerias, projetos, contratos, estudos, documentos históricos, além de fotografias e projeto de titulação do território junto ao INCRA, que já mune este livro com substanciais informações já utilizadas e outras reservadas para este capítulo.

Nessa parte é feita a articulação das categorias apresentadas nas partes anteriores com os documentos pesquisados para demonstrar que o quilombo se configura como expressão do

Direito Achado na Rua, por ser imanente de práticas libertadoras do sujeito coletivo na luta por direitos que emergem do espaço público, como legítima expressão da liberdade.

Constam da desta obra documentos, fotografias que caracterizam a comunidade e enunciam o Direito Achado na Rua, que dela emana e ajuda na sua construção.

DIREITO ACHADO NA RUA E O MOVIMENTO QUILOMBOLA
NA AROEIRA EM PEDRO AVELINO/RN

2. MOVIMENTOS SOCIAIS E O DIREITO ACHADO NA RUA

Os movimentos sociais possuem relevante e estreita ligação com o Direito Achado na Rua, pois são campos originários de nascimento do Direito e, por outro lado, encontram fundamentos que arrimam e ajudam a compreender juridicamente o resultado das suas lutas por direitos sociais, humanos, civis, dentro de um processo histórico e construtivo.

Todavia, antes de maiores digressões sobre o Direito Achado na Rua é importante estudar, conceituar e abordar os objetivos dos movimentos sociais, debatendo sua importância, bases teóricas e contraposições, por serem campo de fluxo e refluxo de surgimento dessa forma de percepção do Direito.

A análise dos Movimentos deve ser feita dentro de um contexto histórico para uma apreensão do Movimento Social como um sujeito coletivo de direito, suas lutas, seus anseios, tudo dentro de um processo contínuo de identificação.

Nos movimentos sociais as identidades são móveis, variam segundo a conjuntura. Há um processo de socialização da identidade, que vai sendo construída, no qual os sujeitos saberão fazer leituras de mundo, identificar projetos diferentes ou convergentes, participar integralmente de ações coletivas geradas por uma demanda socioeconômica ou cultural, relativa ao reconhecimento no plano dos valores ou da moral (GOHN, 2016).

Coutinho (1997), quando trata sobre a forma de surgimento do Direito, afirma que é imperioso tratar os grupos sociais e os Movimentos Sociais como espaço de lutas por direitos civis, laborais, políticos, sociais. Assim, destaca e exemplifica o autor:

> Os direitos têm sempre sua primeira expressão na forma de expectativas de direito, ou seja, de demandas que são formuladas, em dado momento histórico determinado, por classes ou grupos sociais. Vou dar um exemplo simples. Na consciência dos trabalhadores (e na sua atividade prático-política), tornou-se um indiscutível direito, a partir do início do século XIX, a necessidade de fixar limites legais para a jornada de trabalho. Quem conhece história, sabe que os operários trabalhavam 14 horas por dia ou mais na época da revolução industrial, isto é, pelo menos até meados do século XIX. Os trabalhadores, então, lutaram para que fosse fixado um limite legal para a jornada de trabalho, algo que ia de encontro às já então famosas 'leis do mercado'. Isso significa que a demanda dos trabalhadores por uma jornada de trabalho reduzida colocou-se historicamente como uma postulação, como um direito, já antes que a promulgação de uma lei tornasse esse direito algo positivo, o que só ocorreu, na Inglaterra, na segunda metade do século XIX. Outro exemplo: as mulheres foram até meados do século XX excluídas do direito ao voto, a votarem e ser votadas, não só no Brasil, mas na maioria esmagadora dos países do hoje chamado Primeiro Mundo. (Nisso, até o Brasil não foi dos mais retardatários: as mulheres votaram aqui em 1933, enquanto só vieram a fazê-lo na Itália, por exemplo, em 1946). Importantes movimentos femininos demandaram e lutaram pelo que consideravam um direito indiscutível. E terminaram por inscrever nas leis positivas de todos os países (parece-me que a Suíça foi o último país a fazer isso) esse direito que já ninguém hoje contesta, pelo menos publicamente. Ao relembrar

> esses exemplos, pretendo apenas insistir no caráter histórico dos direitos (dei exemplos de direitos sociais e políticos, mas poderia me valer de exemplos de novos direitos civis, como o relativo à liberdade de orientação sexual) e, por conseguinte, no caráter fundamentalmente histórico da própria cidadania (COUTINHO, 1997, 148).

A luta por direitos, especialmente os sociais, não cessa; deve ser constante e está intimamente ligada à luta pela liberdade substantiva, ausente para aqueles que são privados de direitos básicos à sobrevivência, como muito bem vislumbra Sen (2010), quando associa a privação de liberdade à ausência de direitos fundamentais, como água, saúde e a até a própria vida:

> Um número imenso de pessoas em todo o mundo é vítima de várias formas de privação de liberdade. Fomes coletivas continuam a ocorrer em determinadas regiões, negando a milhões a liberdade básica de sobreviver. Mesmo nos países que já não são esporadicamente devastados por fomes coletivas, a subnutrição pode afetar numerosos seres humanos vulneráveis. Além disso, muitas pessoas têm pouco acesso a serviços de saúde, saneamento básico ou água tratada, e passam a vida lutando contra uma morbidez desnecessária, com freqüência sucumbindo à morte prematura (SEN, 2010, p. 29).

Essa forma de percepção da liberdade e, por via de consequência a sua privação, se demonstra intimamente imbricada aos direitos sociais, que são o foco, objeto das ações, de muitos desses movimentos.

Também, os chamados Novos Movimentos Sociais, quando se atrelam aos movimentos tradicionais, surgem como mola propulsora para criação desses direitos, fazendo neste seio eclodir, nascer o direito mesmo que seja contra a lei, mas sempre expressando o que efetivamente se demonstra mais humano, democrático, por surgir no seio da sociedade, no espaço público. Tratando especificamente do Movimento dos Trabalhadores Rurais Sem Terra (MST), neste sentido, bem afirmam Carlos Montaño e Maria Lúcia Duriguetto (2010) acerca da importância das suas reivindicações e lutas por direitos:

> Como já observamos, os chamados "Novos Movimentos Sociais" surgem ora como complemento, ora como alternativa, aos movimentos de classe tradicionais e aos partidos políticos de esquerda, inspirados em diversos processos revolucionários eem variadas revoltas. O Movimento dos Trabalhadores Rurais Sem Terra (MST) é o movimento social de maior expressão na realidade brasileira e um dos de maior relevância na América Latina. Por meio de sua estrutura organizativa, formas de manifestação e expressão de suas reivindicações e lutas, contribuiu para publicizar e politizar o tema da questão agrária no Brasil, país que ocupa o segundo lugar em concentração de terras, perdendo somente para o Paraguai (MONTAÑO; DURIGUETTO, 2010, p. 264).

O Direito não pode ser visto, simplesmente, com a frieza da Lei, nem pode esta, pelo fato de preconizá-lo, garantir a sua efetividade. Acerca da necessidade da luta para conquista do Direito, a importância de se imprimir laboriosos esforços para alcançá-lo como uma força viva e não uma teoria, dissertou Ihering (2004):

> A paz é o fim que o direito tem em vista; a luta é o meio de que se serve para o conseguir. Por muito tempo, pois que o direito ainda esteja ameaçado

> pelos ataques da injustiça – e assim acontecerá enquanto o mundo for mundo -, nunca ele poderá subtrair-se à violência da luta. A vida do direito é uma luta: luta dos povos, do Estado, das classes, dos indivíduos. Todos os direitos da humanidade foram conquistados na luta: todas as regras importantes do direito devem ter sido, na sua origem, arrancadas àquelas que a elas se opunham, e todo o direito, direito de um povo ou direito de um particular, faz-se presumir que se esteja decidido a mantê-lo com firmeza.
> O Direito não é uma pura teoria, mas uma força viva (IHERING, 2004, p. 1).

Entender o Direito simplesmente como lei não pode deixar de ser visto como ato de clara forma de dominação dos "servidos" pelo Estado, para se assentarem como dominadores das classes mais pobres economicamente, a quem resta servir e aceitar o "instrumento lei" como algo democrático, surgido como aspiração do direito e das instituições criadas para democratizar. Essa observação é feita magistralmente por Marx e Engels (2009), em IdeologiaAlemã, quando asseveram:

> Como o Estado é a forma em que os indivíduos de uma classe dominante fazem valer os seus interesses comuns e se condensa toda a sociedade civil de uma época, segue-se que todas as instituições comuns são mediadas pelo Estado, adquirem uma forma política. Daí a ilusão de que a lei assentaria na vontade, e para mais na vontade dissociada da sua base real, na vontade livre. Do mesmo modo o direito é, por seu turno, reduzido à lei (MARX; ENGELS, 2009, p. 112).

É esse Estado classista, porta-voz da classe dominante, que privilegia o Direito como forma de controle social, exprimindo-se através das leis ou desprezando-as, rasgando a Constituição, tudo consoante seus melhores interesses para assumir diretamente as rédeas do poder (LYRA FILHO, 1982).

Inevitavelmente, as instituições responsáveis pela efetividade democrática, ao se embasarem em normas produzidas pelas estruturas de poder, pela elite, tendem a não cumprir o seu papel perante os anseios democráticos, exatamente por estarem distante do que deveria ostentar a voz da maioria, dos necessitados. Essa dura base imposta pelo Estado, que não reverbera a voz dos espoliados através das leis, só poderá ser abalada pelo Direito que emerge em contrapartida a tudo isso, originário das ações de quem dele precisa e, por isso, encampa lutas pela sua implementação que, por vezes, se consolida em normas. Esse movimento histórico e dialético das normas para se afirmarem como fruto das lutas foi bem abordado porLyra Filho (1986):

> Mais dia, menos dia, a esclerose das instituições determina a necrose da legislação. Porque o Direito não estatal (Ehrlich, 1913) surge, então das pressões que exercem os espoliados e oprimidos (com esclarecimento das vanguarda condutoras), nasnormas que antecipam as leis (como o direito de greve, que não existe porque a lei o reconheça, aliás deficientemente); na dialética das leis avançadas e retrógradas, as segundas tentando em vão deter a vitória do Direito emergente, que acaba impondo ao próprio Estado as conquistas da luta social progressista; na contestação das leis em mora com o Direito, que então morrem, antes que espire o seu prazo de vigência formal, segundo práticas jurídicas opostas à legislação; nos direitos subjetivos historicamente conscientizados e que se vão impondo, inclusive às margens das declarações "oficiais" (como na Carta de Argel, que definiu

direitos de povos oprimidos); nesses mesmos Direitos Humanos que, afinal declarados, servem de parâmetro para avaliação da legitimidade dum direito objetivo qualquer (porque os direitos subjetivos não são derivados das normas e, sim, fontes da legitimidade destas últimas) (LYRA FILHO, 1986, p. 310).

É através da subsunção dos Direitos sociais ao "Direito Achado na Rua" que se revela essa prática transformadora, de contestações, reivindicações, partida especialmente dos Novos Movimentos Sociais, dentre eles o movimento social quilombola, feminista, estudantil. Nessa linha de pensamento, dos Movimentos Sociais como portadores de organização e ação, que Sousa Júnior (2011) disseca os ensinamentos de Touraine (2006), quando assim doutrina:

> Nessa matriz, o autor (1994, p. 292-294) apresenta o conceito de novos movimentos sociais onde os sujeitos são portadores de organização e ação em torno de problemas e conflitos sociais e culturais. Os exemplos presentes incluem os estudantes e as mulheres como referência das novas contestações presentes no espaço público e voltadas para uma configuração societal centrada na luta por direitos. Essas ações coletivas de novo teor estão vinculadas à defesa da dignidade e da identidade, incorporando temas de conteúdo pessoal e moral, diferentemente dos movimentos da sociedade industrial centrados nas reivindicações econômicas da classe trabalhadora. Além disso, se mobilizam a partir de princípios e sentimentos, estão voltadas para o tema da autogestão e preocupadas com a democracia interna das organizações que as representam (TOURAINE, 2006 citado por SOUSA JÚNIOR, 2011, p. 156-157).

Claramente a luta encampada pelos movimentos sociais revela que a valorização das leis como se Direito fosse é uma forma equivocada de perceber o Direito e que o alcance da Justiça Social, das políticas públicas e direitos sociais é fruto de lutas incessantes e históricas no espaço público. As premissas Marxianas, para alcance de uma melhor análise do Direito, podem ser percebidas nas lições de Lyra Filho (1982):

> Justiça é Justiça Social, antes de tudo: é atualização dos princípios condutores, emergindo nas lutas sociais, para levar à criação de uma sociedade em que cessem a exploração e opressão do homem pelo homem; e do Direito não é mais, nem menos, do que a expressão daqueles princípios supremos, enquanto modelo avançado de legítima organização social da liberdade. Mas até a injustiça como também o Antidireito (isto é, a constituição de normas ilegítimas e sua imposição em sociedades mal organizadas) fazem parte do processo, pois nem a sociedade justa, nem a Justiça corretamente vista, nem o Direito mesmo, o legítimo, nascem de um berço metafísico ou são presente generoso dos deuses: eles brotam nas oposições, no conflito, no caminho penoso do progresso, com avanços e recuos, momentos solares e terríveis eclipses (LYRA FILHO, 1982, p. 99).

É importante que se diga, todavia, que essa forma de percepção do Direito não pode ser considerada simplesmente uma "alternativa", pois como bem extrai Sousa Júnior (2011) da análise de Boaventura e do próprio Lyra Filho, ao preocuparem-se com esta qualificação ao Direito Achado na Rua, como sendo uma alternativa, é importante ter o cuidado de como irá alternar, qual será a vulnerabilidade diante de outras alternativas, condições, critérios, formas dessa alternatividade. Bem explica José Geral de Souza Júnior a preocupação desses dois doutrinadores:

> Certamente, neste diapasão, é importante não perder, como advertem Roberto Lyra Filho e Boaventura de Sousa Santos, o sentido auto-reflexivo da condição de alternatividade, pois, sem tal cuidado, diz o primeiro, "isto é, sem retificar a ideologia jurídica que serve ao 'uso comum', conservador do Direito, não se pode saber por que, nem para que, se vai alternar, juridicamente, isso ou aquilo, o que envolve também o como alternar". Sousa Santos, por outro lado, lembra: "não basta pensar em alternativas, já que o pensamento moderno de alternativas tem-se mostrado extremamente vulnerável à inanição, quer porque as alternativas são irrealistas e caem no descrédito por utópicas, quer porque as alternativas são realistas e são, por essa razão, facilmente cooptadas por aqueles cujos interesses seriam negativamente afetados por elas, sendo preciso, pois, um pensamento alternativo de alternativas" (SOUZA JUNIOR, 2011, p. 185).

Até mesmo neste ponto deve-se tomar cuidado para não fragilizar a luta pelo direito, fazendo exprimir qualquer dubiedade, seja no campo prático ou teórico, urgindo a necessidade de não segmentação, de foco e cuidado, ao expressar essa condição de alternatividade para não sugerir a possibilidade de exclusão de análise do direito sob essa perspectiva e privilegiar qualquer outra menos democrática, humanística.

Ciente desses preceitos, é importante tratar os movimentos sociais mediante essa percepção da instrumentalidade das suas lutas e conquistas para construção do Direito Achado na Rua, passando a desenvolver essa abordagem a partir dos movimentos sociais, como se afigura seguidamente.

2.1 MOVIMENTOS SOCIAIS: CONCEITOS, OBJETIVOS, RELEVÂNCIA

Os movimentos sociais, enquanto sujeitos coletivos instituintes de direitos, são fonte, campo originário de eclosão das lutas por esses direitos, de lutas políticas em favor da democracia, cidadania e direitos humanos, decorrentes de uma organização social em direçãoa conquistas libertadoras.

Pertinente abordagem sobre uma classificação histórica dos movimentos sociais[3] é feita por Gohn (1997), trazendo algumas delas desde a década de 1950, quando os movimentos eram vistos como fonte de conflitos e tensões. Assim disserta:

> Nos anos 50 e parte dos 60, os manuais de ciências sociais, e parte dos estudos específicos, abordavam os movimentos no contexto das mudanças sociais, vendo-os usualmente como fontes de conflitos e tensões, fomentadores de revoluções, revoltase atos considerados anômalos nos contextos dos comportamentos coletivos vigentes. Usualmente classificavam-se os movimentos de forma dualista: religiosos-seculares, reformistas-revolucionários, violentos-pacíficos. Movimentos sociais e revolução eram termos sinônimos recentes que se falava em movimento a categoria "trabalhador" era

---

[3] Nesta produção é importante dialogar com correntes diversas acerca do entendimento sobre a natureza dos Movimentos Sociais, considerando que há uma luta por direitos particulares, próprios a cada movimento, especificamente quando classificados como Novos Movimentos Sociais, como exprimem autores como (GOHN, 1997), (SOUZA JUNIOR, 2011) (TOURAINE, 2006), sem, contudo, excluir a contribuição de outros autores que entendem haver em todos eles, seja movimentos de estudantes, mulheres, negros, índios, necessariamente, uma questão economicista por trás dos movimentos, como exprimem (MARX; ENGELS, 1991), (CISNE,2014), (SANTOS, 2002).

destacada (GOHN, 1997, p. 330).

Ainda Gohn (1997), percebendo o senso pejorativo com que são tratados os Movimentos Sociais, muitas vezes marginalizados, traz as lições de Touraine quando este assinalou que os movimentos são as forças centrais da sociedade por serem sua trama, o seu coração. Suas lutas não são elementos de recusa, marginais à ordem, mas, ao contrário, de reposição da ordem (GOHN, 1997).

Para Lyra Filho (1982), nesse processo de lutas, processo de libertação, são comuns vitórias e derrotas, avanços e recuos, deixando claro que, dentro da linha da história, várias são as intempéries a serem enfrentadas. Discorre o autor:

> O processo social, a História, é um processo de libertação constante (se não fosse, estaríamos, até hoje, parados, numa só estrutura, sem progredir): mas, é claro, há avanços e recuos, quebras do caminho, o que não importam, pois o rio acaba voltando ao leito, seguindo em frente e rompendo as represas. Dentro do processo histórico, o aspecto jurídico representa a articulação dos princípios básicos da Justiça Social atualizada, segundo padrões de reorganização da liberdade que se desenvolvem nas lutas sociais do homem (LYRA FILHO, 1982, p. 94).

É importante perceber que essa luta dos movimentos sociais não tem momento para cessar e aqueles que se apresentam na vanguarda dessa construção contínua devem ter a plena consciência de que é por meio dela, de maneira articulada, que as barreiras para alcance da democracia humanística são passo a passo ultrapassadas.

Existe em parte do meio acadêmico, não se pode olvidar,

uma preocupação saliente de que esses movimentos sociais sejam estudados e que possam dialogar com as universidades, por exemplo. Em tese de doutorado, Souza Júnior (2008) bem destacou a importância do diálogo dos movimentos sociais com as universidades, como bem fez a Universidade de Brasília através de seu Núcleo de Prática Jurídica, assim dissertando:

> É desta parceria concretizada nos anos de 1998 e 1999 que vai resultar um novo projeto denominado Núcleo de Prática Jurídica e Escritório de Direitos Humanos e Cidadania, com dois objetivos bem estabelecidos. O primeiro, de estreitar o diálogo entre os movimentos sociais e a instituição universitária por meio do estabelecimento de pólos de assessoria jurídica e de defesa da cidadania e dosdireitos humanos, desenvolvendo trabalho junto à Comunidade do Acampamento da Telebrasília para intermediar procedimentos entre a Associação de Moradores e os órgãos administrativos e judiciais do Distrito Federal, com o intuito de garantir o direito à moradia por meio da fixação legal daquela comunidade em seu espaço histórico de ocupação territorial (Sousa Júnior e Costa, 1998a). O segundo, dentro da atuação do mesmo Núcleo, nos termos do projeto UnB/Ministério da Justiça, de estabelecer uma metodologia de identificação dos movimentos sociais representativos de uma dada comunidade para configurar a potencialidade nela existente de formação de rede de defesa de direitos humanos, base para assentar, definitivamente, o espaço de atuação prática dos estagiários de direito da UnB em processo de formação prática (MACHADO; SOUSA, 1998 citado por SOUSA JÚNIOR, 2008, p. 200).

Ciente dessa importância, implica tornar claro que oportunizar esse conhecimento nas universidades não é das mais simples tarefas, como bem explicado acima por Santos (2018), quando arremata que o conhecimento nascido na luta raramente entra nas universidades modernas, podendo entrar por alguma ocasião cerimonial, mas não como parte central dos currículos.

Não dá para falar em Justiça e Democracia quando os órgãos democráticos, ou, ao menos, ilusoriamente responsáveis pelas práticas democráticas, não cumprem o seu papel social, incumbindo aos novos sujeitos, diante de todo esse imaginário de "justo", da desigualdade, da espoliação, promover a igualdade, vida social digna, através de suas práticas libertadoras. Neste sentido, impõe-se perceber que o questionamento e a contestação dos novos sujeitos incidem na ruptura radical a todo imaginário instituído do "justo" enquanto espaço representativo do privilégio, da exclusão, do artifício, da discriminação e da desigualdade. Das vontades coletivas é que provém a ideia de Justiça, mas como libertação, igualdade e vida social digna (WOLKMER, 2011).

Sobre a importância da ação coletiva dos grupos no sentido de reivindicar direitos, na busca pela justiça, Iasi (2007) chama de consciência da reivindicação, que se manifesta através dos Movimentos Sociais, encartado pelo interesse comum de lutas e conquistas, pela identidade do grupo. São as lições de Iasi (2007):

> A ação coletiva coloca as ações vividas num novo patamar. Vislumbra-se a possibilidade de não apenas se revoltar contra as relações pré-determinadas, mas de alterá-las. Questiona-se o caráter natural dessas relações e, portanto, da sua inevitabilidade. A ação dirige-se, então, à

> mobilização dos esforços do grupo no sentido da reivindicação, da exigência para que se mude a manifestação da injustiça. É a chamada consciência em sí, ou consciência da reivindicação. A forma mais clássica de manifestação dessa forma de consciência é a luta sindical, sua forma de organização mais típica é o sindicato, mas podemos incluir, nessa forma, as lutas populares, os movimentos culturais, os movimentos de mulheres e outras manifestações de lutas coletivas e setores, grupos e categorias sociais das mais diversas. O que há de comum nesses casos particulares é a percepção dos vínculos e da identidade do grupo e seus interesses próprios, que conflitam com os grupos que lhe são opostos (IASI, 2007, p. 29-30).

Essa relevância na luta pelo Direito e a importância dos movimentos sociais como campo originário dos direitos, como pura expressão da liberdade, decorrente do grito público dos espoliados, é bem destacado por Chauí (2014), que alude em Manifestações Ideológicas do Autoritarismo Brasileiro:

> Movimentos das minorias sexuais, dos negros, das mulheres vieram cerrar fileiras com três outros grandes movimentos que foram capazes de congregar todas as classes sociais e tendências políticas de oposição: a luta pelos direitos humanos (na qual a Ordem dos Advogados do Brasil e a Comissão de Justiça e Paz, da Igreja Católica, foram as lideranças principais), a luta contra a Lei de Segurança Nacional e a Lei dos Estrangeiros livre e soberana, eleita por sufrágio universal (CHAUÍ, 2014, p. 262).

Santos (2011) releva os protagonistas dessas lutas para afirmação de direitos, onde no campo dos movimentos sociais eclodem com a força de interesses os Grupos Sociais, mostrando que o foco deve ser, efetivamente, em uma transformação concreta, global, nos processos de socialização, contra a opressão e exclusão, não simplesmente a aquisição de direitos isolados. Assim, pondera o autor:

> Os protagonistas dessas lutas não são as classes sociais, ao contrário do que se deu com o duo marshalliano cidadania-classe social no período do capitalismo organizado; são grupos sociais, ora maiores, ora menores que classes, com contornos mais ou menos definidos em vista de interesses colectivos por vezes muito localizados, mas potencialmente universalizáveis. As formas de opressão e de exclusão contra as quais lutam não podem, em geral, ser abolidas com a mera concessão de direitos, como é típico da cidadania; exigem uma reconversão global dos processos de socialização e de inculcação cultural e dos modelos de desenvolvimento, ou exigem transformações concretas imediatas e locais (por exemplo, o encerramento de uma central nuclear, a construção de uma creche ou de uma escola, a proibição de publicidade televisiva violenta), exigências que, em ambos os casos, extravasam da mera concessão de direitos abstractos e universais. Por último, o NMSs ocorrem no marco da sociedade civil e não no marco do Estado e em relação ao Estado mantêm uma distância calculada, simétrica da que mantêm em relação aos partidos e aos sindicatos tradicionais (SANTOS, 2011, p. 261).

Pôr os movimentos sociais em posição de destaque nas conquistas dos direitos sociais, como fonte de emersão do próprio Direito, como afirmação da liberdade, um verdadeiro direito decorrente da democracia substantiva, não significa dizer que se nega apoio às instituições democráticas ou ao seu fortalecimento. Ao contrário, as instituições democráticas imprescindem da força dos movimentos sociais para que sejam construídas com o verdadeiro desiderato para o qual surgiram, que é a democracia, na plena acepção da palavra.

A luta por direitos através dos movimentos sociais, pois, não significa dizer que haja desrespeito às instituições democráticas, ainda que fragilizadas pela forma que reprimem os espoliados. Tratando de políticas sociais, Behring e Boschetti (2018), arrematam essas relevâncias das lutas, que partem dos movimentos sociais para consolidação da democracia, dissertando:

> Quanto ao fortalecimento dos movimentos sociais, essa postura é essencial para não restringir a materialização do projeto ao âmbito institucional. Fazer história requer lutas coletivas, exige situar o indivíduo e a atuação profissional nas lutas mais gerais dos trabalhadores. Acreditar no projeto e investir no fortalecimento das instituições democráticas não significa lançar-se individual ou isoladamente em lutas contra "moinhos de vento". Ao contrário, trata-se de reconhecer que a consolidação da democracia, da cidadania e das políticas sociais, como ante-sala da construção de uma sociedade socialista, requer o fortalecimento das lutas e movimentos sociais mais gerais de defesa dos interesses das classes trabalhadoras; significa não sucumbir à visão de sociedade como conjunto de organizações não-governamentais movidas por interesses solidários gerais e pretensamente desprovidas de interesses de classe; requer ver a sociedade como parafraseando Marx, "teatro de toda história" e, portanto, prenhe de interesses contraditórios e forças em confronto. Nessa perspectiva, um desafio posto ao nosso projeto, na dimensão da intervenção política, é articular forças e construir alianças estratégicas com os que sofrem opressões econômicas e de classe, no campo racial, de orientação sexual, gênero, e outras, que têm como projeto uma

> sociedade justa, fraterna, igual e capaz de autodeterminar seu futuro (BEHRING; BOSCHETTI, 2018, p. 199).

Tratando sobre pluralismo jurídico, Wolkmer (2011) trabalha a participação democrática, libertária, dos movimentos sociais como forma de valoração dos interesses da grande parcela da população com seus valores essenciais do "novo". Assim, aduz o autor:

> Ora, a cultura jurídica centralizadora e individualista produzida pelo desenvolvimento burguês-capitalista acaba favorecendo a produção legislativa e a aplicação jurisdicional, formalizada e ritualizada em proposições genéricas e em regras tecno-estáticas impositivas quase sempre dissociadas dos interesses, exigências e necessidades reais de grande parcela da população. Deste modo, a cultura instituinte dos movimentos sociais introjeta, com seus "valores" essenciais (identidade, autonomia, satisfação das necessidades fundamentais, participação democrática de base, expressão cultural do "novo"), a influência norteadora e libertária para a reconceituação da Lei, do Direito e da Justiça (WOLKMER, 2011,p. 336).

Já Carvalho Netto (2015) trata dos abusos das próprias instituições democráticas e até da Constituição que, com práticas para as quais não foram investidas, em vez de aplicar e fortalecer a democracia, a corrompem, a violam, infringindo, por via de consequência, o próprio Direito. Assim, discorre o autor:

> A problemática levantada pela teoria acerca da relação entre o Direito e a democracia encontra-se

> assim no cerne do debate e da produção reflexiva da filosofia, da filosofia política, da ciência política e da história das idéias e das instituições, desaguando na necessária revisão e reconstrução da doutrina jurídico-constitucional. Sendo imperativo concluir hoje que os abusos institucionais não mais possam ser vistos como democracia, mas apenas como a sua negação, nem como Direito, pois são, na verdade, violações ao Direito, e muito menos como constitucionais, pois privatizam o público e obstam o reconhecimento da igualdade como direito à diferença (CARVALHO NETTO, 2015, on-line).

É uníssono que para atingir a todos, o regime democrático com participação social e política, é o que se tem de melhor. Todavia, não por isso ele deve ficar incólume às críticas e aperfeiçoamento, já que para se imiscuir como verdadeira democracia tem de efetivamente atingir o que propõe: um regime substancialmente democrático. Sem o respeito às minorias, isso jamais será atingido. Como fundamento, continua Carvalho Netto (2015) a instar a democracia que respeita as minorias, as diferenças e liberdade, ao tratar assim:

> A democracia só é democrática quando constitucionalmente construída, ou seja, quando há respeito às minorias, e, por outro lado, a Constituição só é constitucional quando democrática, o que equivale a dizer, quando se respeita a vontade formada por maioria no seio do debate público. Desse modo, a legitimidade impõe que a igualdade que reciprocamente nos reconhecemos constitucionalmente só possa ser entendida como o direito à diferença, pois carrega em si também o sentido oposto do reconhecimento recíproco do direito à liberdade de cada um. Por isso mesmo o Direito só pode ser atualmente

compreendido em sua complexidade interna que se tornou visível como a "legítima organização social da liberdade" (CARVALHO NETTO, 2015, online).

Os movimentos sociais, dentre os quais os quilombolas, enquanto sujeito coletivo de direito, permitem que o direito se realize decorrente de uma organização social e o exerce em direção a conquistas libertadoras, muitas vezes, sequer conferidas pela lei, como dito alhures.

São os movimentos sociais, sujeitos coletivos criadores de direitos, que vêm segurando a batuta da democracia e da luta por direitos sociais da classe trabalhadora. São nesses movimentos, nesse espaço de práticas sociais, que os assistentes sociais, juristas, sociólogos, cientistas sociais, estão se abeberando para conhecer e realizar projetos políticosde transformação social.

A importância da atuação desses sujeitos históricos é traduzida por Wolkmer (2011), quando aduz:

> Não se pode deixar de levar em consideração nesse ponto que determinados "valores" ou "princípios" caracterizadores dos novos sujeitos sociais são critérios necessários para compor e instituir uma cultura jurídica insurgente. Não menos importante é a atuação desses agentes históricos no sentido de propiciar, desencadear e interagir com os pressupostos estratégicos do pluralismo jurídico comunitário-participativo, seja como integrantes de uma esfera pública compartilhada e democrática, seja como portadores de outra "racionalidade" capaz de direcionar as formas de vida cotidiana rumo a interações de alteridade. A transposição da cultura monista centralizadora (calcada na representação) para cultura pluralista

descentralizadora (fundada na participação) acaba alcançando, nas novas identidades históricas, o ponto mais amplo e culminante do complexo processo de transição e de reconstrução paradigmática (WOLKMER, 2011, p. 341).

Lutas sociais, movimentos sociais e justiça social estão, pois, imbricados. Os Movimentos Sociais como instrumentos para construção e afirmação de direitos é algo cada vez mais palatável, translúcido. Tratar desses movimentos como instrumento para conquista de direitos, como seguidamente é feito, é de suma relevância para toda essa compreensão.

É importante perceber, ainda, que essa trajetória de luta dos Movimentos Sociais se fez necessária mediante a situação de exploração e de opressão vivenciada em larga medida pelos segmentos majoritários da população. Pode-se, inclusive, afirmar que nos países de capitalismo periférico, como é o caso do Brasil, são os segmentos identificados com valores de esquerda, que assumiram, nos seus espaços coletivos de organização, a reivindicação pela realização dos direitos humanos como expressão de suas lutas (SANTOS, 2002).

Noutro ponto, sempre que se pensar em lutas dos movimentos sociais não se pode deixar de dar relevância ao sujeito político único, em razão das interseções de interesses dos movimentos sociais que lutam pelos mais variados direitos, mas em todos os casos envolvendo direitos sociais, humanos, não podendo sucumbir em decorrência da busca pelos direitos particulares de cada movimento. A falta de união na luta pelo que é comum a todos traz consequências lógicas, diretamente ligadas à sucumbência, embora alcançando migalhas de direitos pifiamente concedidos. Bem expõe sobre o assunto Silvana Mara de Morais Santos(2002, p. 34):

> Essa especificação de vários sujeitos demandatários de direitos embalou as reivindicações dos movimentos sociais que surgiram, sobretudo, a partir de 1970, explicitando um conjunto de opressões particulares. Diante da pluralidade desses sujeitos coletivos, reivindicando os mais variados tipos de direitos, intensificou-se o questionamento quanto à possibilidade de existência de um sujeito político unificado, conforme a tradição do pensamento socialista defendia. Isto ocorre no mesmo espaço-tempo em que crescia, mundialmente, a idéia quanto à impossibilidade de construção de um projeto societário alternativo à sociabilidade burguesa e no campo dos DH a valorização de uma cultura política fragmentada. Temos aqui uma discussão bastante polêmica. Em que medida esses sujeitos coletivos, a exemplo de vários movimentos sociais, ao apresentarem suas reivindicações particulares, contribuíram para instituição de uma cultura política particularista, favorável à fragmentação em detrimento de uma cultura política em defesa dos direitos universais? No campo das esquerdas, a reação à essas reivindicações trazidas pelos movimentos sociais foram normalmente tratadas sob duas perspectivas. Ora essas reivindicações foram interpretadas de forma economicista, sendo, então, secundarizadas e desvalorizadas frente às questões que incidem diretamente na relação capital- trabalho; ora foram entendidas a partir de uma concepção politicista, sendo superdimencionadas e tratadas de forma autonomizada da totalidade da vida social (IDEM, 2002, p. 35-36).

É com essa concepção que os direitos sociais devem ser

encarados, partindo exatamente de onde mais se necessita, do espaço público, espaço de lutas, não se conformando com migalhas de direitos oriundas dos gabinetes daqueles que compram mandatos, lobistas ou dos que representam indiretamente os interesses de uma classe que, na maioria das vezes, se vê extremamente mal representada.

É assim, nessa luta incessante por direitos que transformem as condições de trabalho e a vida, que é necessário foco, um movimento verdadeiramente político e não simplesmente pontual, como uma "luta econômica", como aborda Mirla Cisne (2014), quando cita o trabalho de Marx, "Carta a Friedrich Bolt, escrita em 1871":

> A questão fundamental que limita a "luta econômica" reside na busca da melhoria e não da transformação das condições de trabalho e de vida. A "luta econômica" é, portanto, segmentada, não imprime o caráter de negação do capitalismo em sua totalidade e não confere, por conseguinte, um caráter de demanda generalizada para a classe trabalhadora como na "luta política". Marx nos esclarece: O movimento político da classe operária tem como objetivo último, é claro, a conquista do poder político para a classe operária [...] todo movimento em que a classe operária atua como classe contra as classes dominantes e trata de forçá-las "pressionando do exterior", é um movimento político. Por exemplo, a tentativa de obrigar, através das greves, os capitalistas isolados à redução da jornada de trabalho em determinada fábrica ou ramo da indústria, é um movimento puramente econômico; pelo contrário, o movimento visando obrigar que se decrete a lei da jornada de oito horas etc., é um movimento político. Assim, pois, dos movimentos dos operários separados por motivos econômicos, nasce em todas as partes um

> movimento político, ou seja, um movimento de classe, cujo alvo é que se dê satisfação a seus interesses em forma geral. A luta política, portanto, não é contra os patrões isoladamente e sim contra as classes dominantes, contra o capital em sua totalidade. Para tender para a totalidade, a crítica não pode negar apenas a parte, mas o todo desta sociedade para que possa ultrapassar o que nega. É fundamental, portanto, a articulação entre "luta econômica" ("objetivo parcial") e "luta política" ("objetivo final") como uma unidade possibilitada pela busca da totalidade (LUKÁCS, 2003 citado por CISNE, 2014, p. 52 -53).

É fundamental a lição contida na abordagem da professora Uerniana para ter em pauta que a luta para assegurar Direitos não pode se confundir, simplesmente, com "luta econômica"; deve ser, acima de tudo, uma "luta política". Essa "luta econômica" abordada por Marx não satisfaz o ideal socialista, tampouco tem o condão de constituir, criar direitos verdadeiramente da pessoa humana.

A luta de classe não se desvencilha, pois, da luta dos Movimentos Sociais. Para estímulo da democracia, urge que seja feita a associação dessa luta aos grupos oprimidos, dentre eles negros, mulheres, LGBTs, haja vista que as restrições de direitos e, consequentemente, de liberdade, sofrida por essas categorias, ecoam indistintamente para todas elas. Em Desordem e Processo, Lyra Filho (1982) faz essa importante observação como fomento do avanço democrático:

> Porém, se esta luta de classes, com a paralela tentativa de libertação dos grupos oprimidos (isto é, aqueles que, como a mulher, o negro, a minoria

> religiosa ou erótica, sofrem restrições societais, aos seus Direitos Humanos, sem constituírem uma classe social propriamente dita), se esses movimentos quiserem evitar as confrontações a ferro e a fogo, é preciso estimular os incessantes avanços democratizadores (LYRA FILHO, 1982, p. 265).

Por essa abordagem da importância das lutas verdadeiramente políticas e não simplesmente "econômicas" isoladas, pontuais, faz perceber a sua instrumentalidade para a constituição de direitos e de uma democracia substantiva, fundamentando o Direito como decorrente da insatisfação social. É nesse contexto que o Direito Achado na Rua se revela.

Em importantes indagações acerca da perspectiva que deve ser enfrentada a luta pela implementação de Direitos humanos e do que vem a ser os próprios Direitos Humanos, Santos (2018) bem trabalha essa necessidade de percepção das diferentes formas de interpretação para desvendar que algo está errado, quando discorre:

> Os direitos humanos servem eficazmente à luta dos excluídos, dos explorados e dos discriminados ou, pelo contrário, dificultam essa luta? Penso que hoje só faz sentido discutir os direitos humanos a partir da perspectiva daqueles que não têm direitos humanos. A questão é que, de facto, a maioria das pessoas no mundo não são sujeitos de direitos humanos, são objetos de nossos discursos dos direitos humanos. Temos que procurar perceber porque é que isto ocorre. Por que continuamos a falar de direitos humano quando, na verdade, em termos reais, a maioria dos seres humanos não são sujeitos de direitos humanos? Por que existe hoje todo este consenso sobre os direitos humanos e a democracia? Quem nesta aula é contra os direitos humanos? Todo o mundo é a favor. E se

> eu fizer esta pergunta noutro país, recebo a mesma resposta. Quem é contra a democracia? Todo o mundo é a favor da democracia. Bem, um cientista social atento deve suspeitar do consenso. Se todo o mundo é a favor dos direitos humanos e da democracia, isso pode ser um indício de que, provavelmente, algo está errado. Ou as pessoas pensam coisas diferentes quando pensam nos direitos humanos e democracia e, provavelmente, o consenso é produto de um erro de interpretação, porque quando eu digo direitos humanos e democracia, o meu interlocutor pode ter uma interpretação diferente da minha. Mas se não explorarmos as nossas diferenças, podemos pensar que estamos de acordo (SANTOS, 2018, p. 290).

O projeto de luta deve ser efetivamente ambicioso, tendo consciência de que os desideratos são direitos sociais, mas, especialmente, políticos. Como as liberdades políticas e civis são elementos da liberdade humana, qualquer negação sua é, em si, uma deficiência inaceitável. Ao examinar o papel dos direitos humanos no desenvolvimento, deve-se levar em conta tanto a importância constitutiva como a importância instrumental dos direitos civis e liberdades políticas, sua essencialidade para conquista e afirmação dos direitos humanos (SEN, 2010).

Sérgio Sauer e Marcos Rogério de Souza (2017) tratam do assunto sob a perspectiva da essencialidade da participação política para reconhecimento efetivo da promoção dos direitos humanos. Assim, abordam os autores:

> Por outro lado, a estratégia de promoção dos direitos humanos priorizou o discurso de afirmação dos direitos, mas contraditoriamente repudiou a idéia de participação política, especialmente

> quando essa é reivindicada por grupos sociais e organizações populares. Proclamam-se direitos, luta-se para que sejam alçados ao plano normativo constitucional ou em tratados internacionais, mas a realidade social não apenas se nega a incorporar novos direitos, como ainda desrespeita os direitos já positivados. [...] Ao invés de direitos efetivos, tem-se apenas expectativa de direitos e uma democracia meramente formal, a qual se restringe a sua dimensão político-institucional. [...] A efetividade dos direitos humanos passa pela superação do discurso meramente afirmativo de direitos. A participação política torna-se condição *sine qua non* para a transformação de expectativas de direitos em direitos efetivos. Dito de outra maneira, para que haja efetividade dos direitos humanos e, portanto, para que o Estado democrático de direito não seja apenas uma aspiração constitucional, é fundamental a afirmação da política. Essa afirmação não se dá apenas através de instrumentos tradicionais (constituição de partidos políticos e realização de pleitos eleitorais), mas principalmente pelas organizações populares (formais e informais) que se contrapõem aos poderes instituídos, estabelecendo formas de contrabalancear o poder do Estado (SAUER; SOUZA, 2017, p. 146-147).

No Brasil, o mais abrasador movimento social decorre das lutas do MST, se afigurando dos direitos que surgem nesse espaço público de lutas um direito verdadeiramente democrático, com o carimbo das raízes populares, oriundo da liberdade e não da concessão regulada de direitos por parte das classes dominantes.

Ainda Sauer e Souza (2017), versando sobre um dos maiores movimentos sociais mundiais, aborda a luta como uma forma de conquista de direitos e cidadania, acima do que aparenta ser, somente, a busca pela terra e implementação da reforma agrária por parte do MST, quando lecionam:

> É importante observar, no entanto, que a legitimidade dos movimentos sociais agrários, em geral, e do MST, em particular, não se deve apenas a não realização de uma democratização do acesso à terra no Brasil. Tão importante quanto ações políticas reivindicando reforma agrária, a luta pela terra deve ser entendida, acima de tudo, como processos de conquista de direitos e cidadania no campo. [...] A legitimidade do MST não se dá porque possui um registro formal/legal nem porque sua atuação se dá de acordo a normas jurídicas positivadas em textos legais. Dito de outra forma, não é uma legitimidade fundada na legalidade positiva, mas na justeza e eticidade da bandeira que defende, de um lado, e no exercício da cidadania (participação) e da democracia, de outro (SAUER; SOUZA, 2017, p. 174-175).

Independentemente da pauta originária dos Movimentos Sociais e dos Novos Movimentos Sociais, a luta de todos busca uma afirmação comum de participação política, cidadania e democracia; direitos humanos como algo fundante para afirmação do objeto das respectivas lutas de cada movimento.

Por outro lado, há uma tensão praticada pelo próprio Estado, que se contrapõe à corrente e coesão desses movimentos. Trazendo importante percepção acerca da atuação do Estado no enfraquecimento das forças dos movimentos sociais, uma espécie de desarticulação causada pela pujante influência do Capitalismo, Colonialismo e Patriarcado, Santos (2016) bem repara nessa forma de dominação dividida, para melhor cindir também os movimentos. Assim traz importante crítica acerca da interação e articulação entre os movimentos:

> Esses três modos se separação se chamam: Capitalismo, Colonialismo e Patriarcado. Há outros, mas estes são os fundamentais. E, portanto, eles atuam em articulação, e manifestam em articulação. Mas de tal modo que o Estado está organizado para dividir os diferentes modos de dominação e as lutas contra os diferentes modos de dominação. Por isso é que há o movimento de mulheres que tem dificuldades muitas vezes de se articular como o movimento indígena, com o movimento camponês. Por isso é que há movimento camponês ou movimento indígena que tem dificuldade de se articular com o movimento operário. Por exemplo, qualquer um desses movimentos tem dificuldades de se articular com o movimento ambientalista. Porque os modos de dominação atuam em conjunto, mas se movimentam de modo a dividir quem resiste contra eles. Essa é a primeira armadilha do poder e isso dura desde o século XVI. E está ativo hoje, mais do que nunca (SANTOS, 2016, p. 51).

Portanto, como bem observa Santos (2016), o panorama brasileiro no segundo semestre de 2016, apesar das conquistas dos movimentos feminista, a luta de libertação nacional, as lutas anticoloniais, as lutas antirracistas, o movimento negro, o movimento quilombola, uma democracia hoje, robusta, que prevaleça o capitalismo, tem que ser uma democracia ao mesmo tempo, anticapitalista, anticolonialista e antipatriarcal, obrigando uma imaginação política diferente, pois as conquistas não são irreversíveis, já que "tratando-se de conquistas, o copo está meio vazio e não meio cheio", sendo, por isso, tão fácil o retrocesso (SANTOS, 2016).

O processo de libertação é incessante e admite a revisão do

elenco de direitos conquistados, que crescem e se transformam, à medida que se concretizam outras restrições ilegítimas à liberdade involucradas em normas legais ou costumeiras, que impedem a autorrealização de povos, classes, grupos e pessoas (LYRA FILHO, 1982).

O que não pode deixar de ser observado ao tempo que se fala de direitos sociais, direitos humanos, democracia, cidadania, é que deve ser levado em conta os aspectos políticos da conquista desses direitos, para que não sejam apenas um meio conferido por mera formalidade, dos segmentos de poder, criando normas sem eficácia, apenas como um "cala a boca" dos que poderiam, através da luta, fazer emergir seu poder verdadeiramente humanístico.

2.2 DIREITO ACHADO NA RUA: CONCEITOS, OBJETIVOS, RELEVÂNCIA

O Direito Achado na Rua é uma expressão criada pelo jurista brasileiro Roberto Lyra Filho ao enfrentar o desafio de indagar, comparar e compreender a essência do direito sob uma nova perspectiva, amparado em sociólogos que se dedicam ao longo dos tempos para entender vertentes aristotélicas e socráticas, que se debruçam para alcançar o fim do direito que é o equilíbrio da justiça (LYRA FILHO, 1982).

A expressão "Direito Achado na Rua" só foi, contudo, utilizada primeiramente no compendio "Introdução à Ciência do

Direito", nunca publicado (SILVA, 2007)[4], onde, aplicando o epigrama hegeliano, explica a origem desse nome, dessa expressão "rua" como metáfora, inspirado no poema do jovem Marx, que assim se manifestou de maneira singela, mas com especial brilhantismo, sempre peculiar, no Epigrama Hegeliano de n° 3: "o epigraman° 3 de Marx [...]: 'Kant e Fichte buscavam o país distante,/ pelo gosto de andar lá no mundo da lua,/ mas eu tento só ver, sem viés deformante,/ o que pude encontrar bem no meio da rua'".

Em "Desordem e Processo", livro fruto de uma homenagem aos 60 anos do autor, no qual o jurista retribuiu com a elaboração do posfácio, é dissecada a forma dialética de analisar o direito, consoante melhor exposto seguidamente. Ainda sobre a nomenclatura, no referido posfácio o autor já cita a Expressão "Direito Achado na Rua" como então em preparo, versão em desenvolvimento da Nova Escola Jurídica Brasileira (LYRA FILHO, 1986).

A figuração da expressão "rua" remete ao espaço público, assim como o conhecido ditado pular "o que é de casa vai à praça" remete a expressão "praça" a um sentido figurado. Ambas as situações não se referem, simplesmente, ao local "praça" ou "rua", como espaços físicos, devendo-se vislumbrar por esta expressão o espaço público, como nas linhas vindouras será melhor percebido.

Continua Lyra Filho (1986), destacando a inspiração

---

[4] Relata nessa obra que o professor Roberto Lyra Filho tratou primeiramente sobre a expressão "Direito Achado na Rua" no livro "Introdução à Ciência do Direito" que nunca teria sido publicado.

Marxiana e Engeliana para desenvolvimento da teoria, que também encontra espeque na fórmula liberal da Revolução Francesa, ao assim destacar:

> Permanece válida, portanto, a fórmula liberal que no início de sua carreira, Marx repetia e que, substancialmente nunca abandonou (procurando ao contrário, dar-lhe um verdadeiro conteúdo sócio-econômico): "o Direito é a existência positiva da liberdade" (Marx-Engels, 1983, 1, 57) e esta não mais do que "o direito de fazer ou aspirar a tudo o que a outrem não prejudique" (Marx-Engels, 1983, 1, 364), isto é, precisamente a declaração de direitos da revolução francesa (LYRA FILHO, 1986, p. 308).

Leciona, ainda, Lyra Filho (1982), que para melhor compreensão do verdadeiro fim do direito é fundamental entender a interação entre o direito e justiça e a ligação da Lei à classe dominante e desta classe ao Estado.

Na revista Direito e Avesso, em uma análise da Nova Escola Jurídica Brasileira (NAIR), com o escopo de fazer essa nova forma de apreciação do Direito, resta por enfatizado o processo histórico ao qual ele se submete, extraindo como resultado desse processo o vetor da dialética social, como bem escreve o autor, nos seguintes termos:

> A Nova Escola Jurídica visa, antes de tudo, reexaminar o Direito, não como ordem estagnada, mas como a positivação, em luta, dos princípios libertadores, na totalidade social em movimento. O Direito, então, há de ser visto como processo histórico. O que deste resulta, a cada momento, é o vetor extraído da dialética social, numa pluralidade

> de ordenamentos antitéticos, dentro da qual as classes e grupos ascendentes afirmam as novas quotas de liberdade, no eterno combate contra a espoliação e a opressão do homem pelo homem. Nossa meta é a justiça militant, não metafísica, nem idealista, nem abstrata, mas conscientizada em toda etapa, na práxis vanguardeira, em oposição às resistências imobilista e retrógradas (LYRA FILHO, 1982, 13-14).

No jornal Estado de Direito, Lemos (2019) trata a abreviatura peculiar e histórica dada para identificar a Nova Escola Jurídica Brasileira, ao explicar:

> Para compreender os eixos teóricos, indispensável mencionar a NAIR, Nova Escola Jurídica Brasileira, fundada por Lyra Filho e seus discípulos na Universidade de Brasília. Tal escola de pensamento que tem uma abreviatura histórica peculiar (NAIR, é em homenagem a Nair Heloisa Bicalho de Sousa, cientista social e esposa de José Geraldo de Sousa Junior) traz como origem de pensamento as concepções e debates de Lyra Filho com seus colegas de Escola (LEMOS, 2019, online).

O "Direito Achado na Rua" denomina uma linha de pesquisa e um curso da Universidade de Brasília, que visa investigar novos sujeitos coletivos e experiências por eles desenvolvidas, com coordenação de Alexandre Bernardino Costa e José Geraldo de Souza Júnior. Conhecer a luta dos movimentos sociais sob a perspectiva do "Direito Achado na Rua", é prioritário e insta a reflexão e atuação jurídica de novos sujeitos coletivos e das experiências por eles desenvolvidas na criação do direito (SOUSA

JÚNIOR, 2011). Bem assim, como um novo modelo de investigação, tem-se:

> O Direito Achado na Rua – expressão criada por Roberto Lyra Filho e título que designa, atualmente, uma linha de pesquisa e um curso organizado na Universidade de Brasília inscritos na configuração de um programa de Sociologia Jurídica – quer, exatamente, ser expressão deste propósito de compreensão do processo aqui descrito, enquanto reflexão sobre a atuação jurídica dos novos sujeitos coletivos e das experiências por eles desenvolvidas de criação de direito e, assim, como modelo atualizado de investigação: 1) determinar o espaço político no qual se desenvolvem as práticas sociais que enunciam direitos ainda que *contra legem*; 2) definir a natureza jurídica do sujeito coletivo capaz de elaborar um projeto político de transformação social e elaborar a sua representação teórica como sujeito coletivo de direito; 3) enquadrar os dados derivados destas práticas sociais criadoras de direitos e estabelecer novas categorias jurídicas (SOUSA JÚNIOR, 2011, p. 46-47).

É cediço no estudo da Ciência Jurídica que esta sempre se apresentou como meio idôneo, um instrumento para dirimir conflitos e buscar a pacificação social, o bem comum.

É com esse afã que o Direito se apresenta como meio regulador, como ordem, se expressando através da norma, impondo o que determina a Lei. Nesse aspecto, o Direito Positivo, para considerável parte da doutrina, é o único meio para conferir direitos e imprimir deveres aos cidadãos e cidadãs. Assim analisa Sousa Júnior (2011):

> No final dos anos 1960, a crise de paradigmas de conhecimento e de ação humanas projetadas no mundo abriu, no campo jurídico, o mesmo debate crítico que se travava nos demais âmbitos sociais e teóricos. Sob o enfoque da crítica, portanto, e ao impulso de uma conjuntura política complexa em sua adversidade, notadamente no contexto social da realidade latino-americana, o pensamento jurídico ocidental buscou reorientar-se paradigmaticamente, rejeitando a matriz positivista de redução da complexidade ao formalismo legalista e de deslocamento dos pressupostos éticos que fundam uma normatividade legítima (SOUSA JUNIOR, 2011, p. 45).

Para Lyra Filho (1982), analisar o Direito desligando-se ou desconsiderando as lutas sociais resulta em uma incompletude que deixa de fora instrumentos históricos e a própria dialética jurídica.

> Somente uma nova teoria realmente dialética do Direito evitaria a queda em uma das pontas da antítese (teses radicalmente opostas) entre direito positivo e direito natural. Isso, é claro, como em toda superação dialética, importa em conservar os aspectos válidos de ambas as posições, rejeitando os demais e reenquadrando os primeiros em uma visão superior. Assim, veremos que a positividade do Direito não conduz fatalmente ao positivismo e que o direito justo integra a dialética jurídica, sem voar para nuvens metafísicas, isso é, sem desligar-se das lutas sociais, no seu desenvolvimento histórico, entre espoliados e oprimidos, de um lado, e espoliadores e opressores, de outro (LYRA FILHO, 1982, p. 31).

Desde as lições mais comezinhas do Direito é possível fazer uma análise da sua natureza jurídica, partindo da antinomia entre as duas correntes clássicas do Positivismo e Naturalismo, que parecem se contraporem de maneira isolada, como se fossem as únicas formas de exteriorização do direito, de análise do seu nascimento.

É certo que para os jusnaturalistas o direito surge sem necessidade de positivação, semprecisar estar escrito, pois é inerente ao homem, dentre os quais o direito à vida, incolumidade física, liberdade. Rica é a análise de Carlos Nelson Coutinho ao abordar a visão de John Locke quando este destaca a importância do Direito Natural para a democracia e pleno exercício de cidadania, fazendo, todavia, uma contraposição na forma de análise do autor alemão, que põe entre tais direitos o de propriedade privada, ao assim destacar:

> Esse conceito de "direito natural" - de direitos que pertencem aos indivíduos independentemente do status que ocupam na sociedade em que vivem - teve um importante papel revolucionário em dado momento da história, na medida em que afirmava a liberdade individual contra as pretensões despóticas do absolutismo e em que negava a desigualdade de direitos sancionada pela organização hierárquica e estamental própria do feudalismo. Decerto, nessa versão liberal, o jusnaturalismo terminou por se constituir na ideologia da classe burguesa, sobretudo porque Locke e seus seguidores consideravam como direito natural básico o direito de propriedade (que implicava também o direito do proprietário aos bens produzidos pelo trabalhador assalariado), o que terminou por recriar uma nova forma de desigualdade entre os homens (COUTINHO, 2005, p. 148).

Nesta linha, percebe-se que o jusnaturalismo, embora tenha tido relevante papel nesse dado momento histórico com a concepção Lockeana, teve a sua ideia deturpada para justificar uma desigualdade social, hierarquia de classes e a propriedade privada da burguesia.

Já para os positivistas, o Direito é norma, é o que está positivado, escrito. O positivismo científico idealizado por Augusto Comte fundamenta esse método reducionista, simplificador, carente de eficácia para as vicissitudes modernas.

No campo específico da ciência jurídica, arrimados na obra de Kelsen (1998), muitos teóricos defendem que Direito é puramente Lei, não existindo qualquer outra fonte de interferência, seja política, social, natural, metafísica. Já no início da obra, deixa bem claro este posicionamento:

> Quando a si própria se designa como "pura" teoria do Direito, isto significa que ela se propõe garantir um conhecimento apenas dirigido ao Direito e excluir deste conhecimento tudo quanto não pertença ao seu objeto, tudo quanto não se possa, rigorosamente, determinar como Direito. Quer isto dizer que ela pretende libertar a ciência jurídica de todos os elementos que lhe são estranhos. Esse é o seu princípio metodológico fundamental (KELSEN, 1998, p. 01).

Para os positivistas só é Direito o que está escrito, impresso na norma, sem considerar os acontecimentos sociais, outras ciências, a multidisciplinaridade, a trajetória sociológicapara o seu nascimento.

Antes mesmo da Teoria Pura do Direito de Kelsen, Kant já descrevia a necessidade de uma Lei universal para cumprir o papel de pacificar a vontade popular, atribuindo à Lei o escopo de conferir a liberdade alienando-a ao estado e à sua ordem jurídica. Jairo Bisol

(1986) bem disseca essa ideia de Kant, ao tratar de Direito e Liberdade, assim aludindo:

> Assim sendo, vontade popular permanece no caos, donde emerge a necessidade de uma vontade soberana unificadora: cumpre à lei jurídica o papel de unificação da caótica vontade popular. Com isto, Kant aliena definitivamente a liberdade ao estado e sua ordem jurídica, iludindo-se com a idéia de que o estado burguês seria o reflexo de uma razão universal e legisladora, de acordo com o imperativo jurídico, como princípio universal do direito: "é justa toda a ação segundo a máxima pela qual a liberdade do arbítrio de cada um pode coexistir com a liberdade de outrem, conforme uma lei universal (BISOL, 1986, p. 233-234).

Existe uma forte tendência de ser aplicado nos tribunais apenas o que decorre do texto legal. Por outro lado, apesar dessa ortodoxia para aplicação do Direito, em relevantíssimo julgado do Supremo Tribunal Federal o texto expresso da lei foi dissociado do Direito, ao tempo que preferiu a corte aplicar este em detrimento ao texto daquela, em votação unânime, quando, sob a relatoria do Ministro Carlos Ayres Britto, apreciou a ADI 4277, bem como da ADPF 132, que tratava da União Homoafetiva (STF, 2011, on-line).

Tal julgado foi um passo fundamental para o Direito de Família, mas, acima de tudo, foi uma importante conquista para as milhares de famílias homoafetivas em todo o Brasil, bem como para luta dos movimentos sociais LGBT que, como efeito do julgado, puderam oficializar uniões sem que fosse exigida a diversidade de sexo, destoando do que preconiza os artigos 1.723 e

1.726 do Código Civil e do artigo 226, §3º da Constituição Federal de 1988, aplicando princípios jurídicos, direitos fundamentais, igualdade, direito de amar, dignidade da pessoa humana. São os artigos da Lei 10.406 de 2002, que deixaram de ser aplicados, mesmo vigentes, para que fosse aplicado o melhor direito:

> Art. 1.723. É reconhecida como entidade familiar a união estável entre o homem e a mulher, configurada na convivência pública, contínua e duradoura e estabelecida com o objetivo de constituição de família.
> Art. 1.726. A união estável poderá converter-se em casamento, mediante pedido dos companheiros ao juiz e assento no Registro Civil.

O texto da Carta Magna também teve interpretação consoante direitos fundamentais, mas destoando, outrossim, do que preconizava o texto da norma, que assim dispõe:

> Art. 226. A família, base da sociedade, tem especial proteção do Estado.(...)
> § 3º Para efeito da proteção do Estado, é reconhecida a união estável entre o homem e a mulher como entidade familiar, devendo a lei facilitar sua conversão em casamento.

Esse processo judicial teve participação ativa dos movimentos sociais LGBT, dentre quais alguns grupos como Grupo Arco-íris de Conscientização Homossexual; Associação Brasileira de Gays, Lésbicas, Bissexuais, Travestis e Transexuais -ABGLT; Grupo de Estudosem Direito Internacional da Universidade Federal de Minas Gerais - GEDI-UFMG e Centro de Referência de Gays,

Lésbicas, Bissexuais, Travestis, Transexuais e Transgêneros do Estado de Minas Gerais - Centro de Referência GLBTTT; ANIS - Instituto de Bioética, Direitos Humanos e Gênero.

Fechando os comentários desse importante julgado, o então presidente da Suprema Corte, o ministro Cézar Peluso, fez questão de demonstrar o aspecto social que imbuía a decisão, ao destacar em seus comentários que o julgado convoca o Poder Legislativo, o Congresso Nacional a colaborar com a decisão da Suprema Corte para superar todas as situações que são, na verdade, situações dramáticas do ponto de vista social, porque resultantes de uma discriminação absolutamente injustificável (STF, 2011, on-line).

Restou luzidio que embora a decisão não seja uma pura expressão do Direito Achado na Rua, ela encontra-se colmatada pela nodoa do grito dos excluídos, do clamor e das lutas dos discriminados, o que termina demonstrando que essa forma de nascimento e de percepção do Direito rompe as barreiras dos gabinetes dos poderes constituídos pelo Estado e influenciam na prática de uma democracia humanística, no escopo para o qual foram essencialmente criadas.

Noutro quadrante, mas no mesmo norte, relevante crítica faz Santos (2018), ao que parece ser a forma única de ensinar o direito nas universidades, dando essencial espeque à esta forma de apreciação do direito, não simplesmente como lei, norma, mas como fruto de lutas, ideias de libertação, quando disserta:

> Como tenho dito, nas universidades temos

> ensinado o conhecimento dos vencedores, nunca o conhecimento dos vencidos. Este último está nas ruas, nas lutas. O conhecimento nascido na luta raramente entra nas universidades modernas. Pode entrar por alguma ocasião cerimonial, mas não é parte central dos currículos. De facto, estamos diante de uma tarefa muito importante: renovar as possibilidades de um conhecimento plural que se junte a práticas políticas e que contribua decisivamente par ajudar a construir um mundo melhor (SANTOS, 2018, p. 110).

Essa mesma percepção da dificuldade de reformar a escola e a sociedade tem Edgar Morin, percebendo que é preciso saber começar e o começo é desviante, da mesma forma que a universidade moderna rompeu com a universidade medieval, sendo ela agora que precisa ser reformada de uma maneira periférica e marginal, com iniciativa partindo de uma minoria a princípio incompreendida até que a ideia seja disseminada e se torne uma força atuante (MORIN, 2003).

Ainda partindo de Santos (2011), a contribuição para entendimento dessa forma de perceber o Direito vem de estudo realizado no Brasil, sobre o que nomina como "direito informal não oficial", centrado no espaço político da associação de moradores de favelas do Rio de Janeiro, quando constatou:

> Em segundo lugar, os estudos por mim realizados no início da década de 70 nas favelas do Rio de Janeiro e onde me foi possível detectar e analisar a existência no interior destes bairros urbanos de um direito informal não oficial, não profissionalizado, centrado na Associação de moradores que funcionava como instância de resolução de litígios entre vizinhos, sobretudo nos domínios da habitação e da propriedade da terra (Santos, 1974 e 1977) (SANTOS, 2011, p. 175).

É, pois, nesse campo conflituoso entre as correntes naturalista e positivista, sem levar em conta aspectos sociais para surgimento do Direito, que Lyra Filho, em meados da década de 1960, inspirado em proposições Marxianas, passa delinear uma nova análise do direito, não como inerente ao homem, nem como norma ou como ordem, mas como liberdade, surgido no espaço público, decorrente de lutas e conquistas.

Chauí (1986), fala da importância da visão do direito por essa nova perspectiva para superar o que chama de antinomia paralisante das duas teorias até então postas. Assim escreve:

> Penso que o livro de Roberto Lyra Filho trabalha no sentido de superar uma antinomia paralisante: a oposição abstrata entre o positivismo jurídico e o idealismo iusnaturalista", pois, "se o Direito diz respeito à liberdade garantida e confirmada pela lei justa, não há como esquivar-se às questões sociais e políticas onde, entre lutas e concórdias, os homens formulam concretamente as condições nas quais o Direito, como expressão histórica do justo, pode ou não realizar-se" (CHAUÍ, 1986, p. 17).

Chauí percebe, pois, como fundamental essa análise sob uma nova perspectiva, reconhecendo a importância dessa linha de estudo jurídico como meio de abrir a consciência, bem como o próprio Direito para a política transformadora, trazendo essencial distinção entre a Lei e a justiça.

Para melhor explicitar o estudo, Lyra Filho (1982) disseca dialeticamente sobre o juspositivismo e jusnaturalismo e suas sensibilidades, percalços e incompletudes para explicar essa percepção do Direito não simplesmente adstrito à ordem. Assim escreve o autor o que afere ser uma contradição insolúvel:

> Entretanto, permanece o dualismo – direito positivo e direito natural – como uma antinomia (uma contradição insolúvel), que parte o Direito num ângulo que só vê a ordem e noutro que invoca uma Justiça, cujo fundamento não é adequadamente assentado nas próprias lutas sociais e, sim, em princípios abstratos (LYRA FILHO, 1982, p. 50).

Conhecer o direito por uma nova perspectiva é, também, ensinar por esse novo prisma. Acima de tudo, o Direito Achado na Rua propõe esse diálogo com a sociedade, uma ruptura fundante com o modelo de Direito que não responde aos anseios propostos, valorizando o que se constitui na sociedade e não o que se impõe dos gabinetes para os verdadeiros interessados. Se contrapõe a uma visão dogmática para aplicar uma visão dialética, dentro de um arcabouço histórico, mostrando que é preciso se desvencilhar da aplicação única do positivismo.

Lyra Filho (1982) explica a análise dialética de construção do direito entre o que chama de Direito e Antidireito, num processo progressivo, de superação, sem exclusão da norma, como fazem os jusnaturalistas criando uma oposição irresolúvel com o positivismo. Sobre a importância da análise dentro do processo dialético fala o autor:

> Quando falamos em Direito e Antidireito, obviamente não nos referimos a duas entidades

> abstratas e, sim, ao processo dialético do Direito, em que as suas negações, objetivadas em normas, constituem um elo do processo mesmo e abrem campo à síntese, à superação, no itinerário progressivo. O grande equívoco dos jusnaturalistas é, precisamente, oscilar entre a rendição ao "direito positivo" (a título de "particularização"dos preceitos "naturais") e a oposição irresolúvel entre "direitonatural" e "direito positivo", como se fossem duas coisas separadas: o Direito (que eles não conseguem fundamentar, pois arrancam esse "ideal" para fora do processo)e a multiplicidade dos conjuntos de normas jurídicas (que não sabem ver como parte do processo de realização dialética do Direito) (LYRA FILHO, 1982, p. 85-86).

Essa transformação, emergente do espaço público, como organização social da liberdade, analisada dialeticamente com a promessa vazia da Lei, é bem definida por Costa (2009), quando leciona:

> Por essas razões, a construção do Direito pela sociedade só pode ser reconhecida como tal se configurar legítima organização social da liberdade. A opção teórico-política, como no exemplo do linchamento, apesar de manifestação da sociedade, não constitui forma legítima de reação social. Diferentemente, o movimento social que busca a concretização do direito a uma vida digna na produção rural estáconstruindo o Direito e fazendo da promessa vazia da lei uma realidade (COSTA, 2009, p. 19).

Ver o Direito como legítima organização social da liberdade, sob os auspícios dessa teoria, sob essa perspectiva, é o que visa esse processo, dentro de uma análise histórica e dialética (LYRA FILHO,

1982). Assim, disserta o autor com bastante fidelidade:

> O Direito não é; ele se faz, no processo histórico de libertação enquanto desvenda precisamente os impedimentos da liberdade não-lesiva aos demais. Nasce na rua, no clamor dos espoliados e oprimidos e sua filtragem nas normas costumeiras e legais tanto pode gerar produtos autênticos (isto é, atendendo ao ponto atual mais avançado de conscientização dos melhores padrões de liberdade em convivência) quanto produtos falsificados (isto é, a negação do direito do próprio veículo de sua efetivação, que assim se torna um organismo canceroso, como as leis que ainda por aí representam a chancela da iniquidade, a pretexto da consagração do direito)' (LYRA FILHO, 1982, p. 312).

Na análise de Sousa Júnior (2011) acerca do ponto de partida, a percepção do Direito como liberdade conquistada nas lutas sociais, sua imbricada relação com a justiça social e com movimentos sociais enquanto sujeitos coletivos de direito, bem discorre sobre a visão do autor da expressão "Direito Achado na Rua", nos seguintes termos:

> Em Lyra Filho (1982) esse processo é descrito do seguinte modo: "O Direito, em resumo se apresenta como positivação da liberdade conscientizada e conquistada nas lutas sociais e formula os princípios supremos da Justiça Social que nela se desvenda. Por isso é importante não confundi-lo com as normas em que venha a ser vazada, com nenhuma das séries contraditórias das normas que aparecem na dialética social. Estas últimas pretendem concretizar o Direito, realizar a Justiça, mas nelas pode estar a oposição entre a Justiça mesma, a Justiça Social atualizada na História, e a 'justiça' de classes e grupos

dominadores, cuja ilegitimidade não desvirtua o 'direito' que invocam. Também é um erro ver o Direito como pura restrição à liberdade, pois ao contrário, ele constitui a afirmação da liberdade conscientizada e viável, na coexistência social; e as restrições que impõe à liberdade de cada um legitimam-se apenas na medida em que garantem a liberdade de todos. A absoluta liberdade de todos, obviamente, redundaria em liberdade de ninguém, pois tantas liberdades particulares atropelariam a liberdade geral" (SOUSA JÚNIOR, 2011, p. 20).

É importante ter ciência de que essa forma de ver o direito por um outro prisma não exclui a Lei, embora, em determinadas situações, possa ir contra a própria Lei, quando essa não afigurar o Direito. Todavia, deve ser considerado que as normas também são objetos de conquistas do direito como um todo. Tarso Fernando Genro (1982), ao escrever sobre a "Necessidade de uma teoria revolucionária da norma", indaga: o que seria a norma jurídica com suas permissões e tolerâncias? Assim, provoca a reflexão:

> Superficialmente uma lei ou, às vezes, um conjunto de leis; outras vezes ela se confunde com a pura interpretação determinada pela correlação de forças socialmente antagônicas. Mas isso não basta, como não basta dizer que ela é o conteúdo "querido" pelo legislador ou historicamente determinado. É preciso ir mais adiante e estudá-la, não de maneira isolada, como uma forma que paira acima do social e do histórico, pois a sua ontologia só pode ser descoberta na sua relação com o homem, tomado este não como ser abstrato e genérico tão ao gosto dos iluministas, mas como agente histórico dotado de juízos de valor, logo, de alternativas que se reproduzem na sua relação com o mundo através do trabalho. (GENRO, 1982, p. 40).

Analisar o direito através dessa nova perspectiva, não simplesmente como ordem, como Lei, mas como liberdade, oriundo das práticas verdadeiramente democráticas, transformadoras, humanas, que emergem dos espaços públicos, da necessidade dos espoliados, dos movimentos sociais, dentre estes o movimento social quilombola, é essencial, inevitável para compreensão do que é Direito.

Analisando a produção do direito e sua aplicação oriunda das lutas e práticas sociais, independentemente da atuação do Estado e das emissões de leis, trata Wolkmer (2013) do pluralismo jurídico, valorizando, sob esse prisma, as práticas oriundas dos novos sujeitos sociais excluídos, quando aduz:

> Trata-se da produção e aplicação de direitos decorrentes de lutas e práticas sociais comunitárias, independentemente do favor dos órgãos ou agências do Estado. A prova dessa realidade, altamente inovadora, não está centralizada nos Tribunais, nem nas Assembléias Legislativas nem nas Escolas de Direito, mas dentro da própria comunidade, que são os novos sujeitos sociais. Com isso, emerge uma lógica totalmente nova e uma "nova" justiça que nasce das práticas sociais e que acontece, dialeticamente, para guiar a ação libertadora dos agentes sociais excluídos. Rompe com a configuração mítica de que o Direito emana apenas da norma do estado, estabelecendo a idéia consensual do Direito como um "acordo", produto de necessidades, confrontos e demandas das forças sociais na arena política. Portanto, em um espaço como a América Latina, onde a fluidez de significados e práticas sociais derivadas do pluralismo jurídico irrompe como fendas na unidade monoracional fixa da modernidade "(...) não é de surpreender que o direito oficial (...) deve ser reconceptualizado como um sistema cultural no

qual diferentes 'posições discursivas' interagem em um processo construtivo" (WOLKMER, 2013, p. 14).

O Direito não pode ser considerado simplesmente a Lei. De forma lúdica, é preciso reiterar as lições de que tomar a norma pelo Direito equivale a confundir a embalagem com o produto, como se tudo que viesse numa lata de biscoitos fosse edível, ainda que no lugar do cream cracker, ali estivessem pacotes de veneno ditatorial (LYRA FILHO, 1986).

Não raro, é fácil perceber que em diversos momentos históricos as leis envergonham a nação pelo conteúdo que nela estava presente. Fazendo uma radiografia das normas que expressam o autoritarismo no Brasil, Torelly e Pereira (2015) passam pela licitude das escravizações e todas as pechas impressas pelo colonialismo e suas capitanias hereditárias, tudo isso sob o bastão do Estado. Dentre outros acontecimentos, bem historiaram, os seguintes:

> No Brasil, a legalidade autoritária é parte constitutiva do período colonial português, no qual vastos territórios (as capitanias hereditárias) eram legados a membros da nobreza com poderes quase absolutos sobre os sujeitos naqueles territórios. Depois da independência, a escravidão permanece lícita até 1888. No século XX, os períodos de maior inovação na legalidade autoritária foram a década de 1930 e o início dos anos 1940, especialmente durante o Estado Novo (1937-1945), e a Ditadura militar (1964-1985), especialmente entre 1968 e 1979. Ambos os períodos testemunham um surto de regimes autoritários ao redor do mundo (TORELLY; PEREIRA, 2015, p.

202).

Compreendendo essa nova forma de percepção do Direito é que se demonstra essencial desvendar a direta relação que os Movimentos Sociais, compreendidos os Novos Movimentos Sociais, têm para formação e constituição do Direito emanado no espaço público e não simplesmente da lei, que imprime a vontade da classe dominante que ocupa os gabinetes dos poderes e põe, através da norma, a salvo os seus interesses.

2.3 MOVIMENTO SOCIAL COMO SUJEITO COLETIVO DE DIREITOS

Conhecer a luta dos movimentos sociais sob a perspectiva do "Direito Achado na Rua", é prioritário e insta a reflexão acerca da atuação jurídica de novos sujeitos coletivos e das experiências por eles desenvolvidas na criação do direito (SOUSA JÚNIOR, 2011).

Importantes elementos podem caracterizar os movimentos sociais destacando, dentre eles, a luta pelos direitos como algo que surge da necessidade, da ausência de contemplação pelo direito, que pode ser alcançado através da organização e articulação dos espoliados, seja o movimento eminentemente classista, economicista, social, cultural.

Relevante abordagem traz Souza Júnior (2011) acerca da categoria "sujeito coletivo de direitos", arrematando com muita clareza ao expor sobre a emergência dessas novas identidades, a identificação dos interesses pelos quais direcionam suas lutas e as afirmações das quais emergem essas lutas. Assim leciona o autor:

> Caracterizados a partir de suas ações sociais, estes novos movimentos sociais, vistos como indicadores da emergência de novas identidades coletivas (coletividades políticas, sujeitos coletivos), puderam elaborar um quadro de significações culturais de suas próprias experiências, ou seja, do modo como vivenciam suas relações, identificam interesses, elaboram suas identidades e afirmam direitos. A análise sociológica ressalta que a emergência do sujeito coletivo pode operar um processo pelo qual a carência social contida na reivindicação dos movimentos é por eles percebida como negação de um direito, o que provoca uma luta para conquistá-lo (SOUZA JUNIOR, 2011, p. 47-48).

Os Movimentos Sociais se unem em torno de objetivos comuns que revelam uma unidade coletiva que não se manifestaria com a mesma força, organização, e até os mesmos propósitos, dentro de um espaço público definido para as práticas sociais.

Possuem o escopo de elaboração de um projeto social transformador de luta contínua para aquisição de direitos, diante dos dados e características de identificação, que reúne seus membros em torno de uma causa e se revela pela luta.

A mesma união tratada por Marx e Engels, desta feita abordando especificamente a luta direcionada aos trabalhadores, deve ser condição fundamental para o triunfo das lutas políticas que devem imprimir, hoje, todos os Movimentos Sociais. O verdadeiro resultado não é imediato, mas decorre da união ampla dos trabalhadores de diferentes localidades, com percalços distintos, em prol de uma luta de classe, que também é uma luta política (MARX, ENGELS, 2000).

Bem assim, como modelo de investigação, traz Sousa Júnior (2011) a forma deidentificação dos sujeitos ao analisar determinadas categorias que podem revelar essa qualidade de sujeito coletivo. Defende ele, que as experiências, vivencias, interesses comuns, são atributos que podem identificar o Sujeito Coletivo de Direito. Assim, disserta:

> Caracterizados a partir de suas ações sociais, estes novos movimentos sociais, vistos como indicadores da emergência de novas identidades coletivas (coletividades políticas, sujeitos coletivos), puderam elaborar um quadro de significações culturais de suas próprias experiências, ou seja, do modo como vivenciam suas relações, identificam interesses, elaboram suas identidades e afirmam direitos (SOUSA JÚNIOR, 2011, p. 47-48).

Para afigurar o sujeito coletivo de direito é elementar entender que a sua essência não decorre da soma dos interesses das pessoas ou a anseio de vários personagens, mas o interesse comum àquela coletividade a interseção das esperanças, sonhos, *animus* de luta.

Santos (2000), tratando de uma concepção pós-moderna do direito", traz inspirador escrito de Rousseau (1959-69, p. 378), quando afirma que: "(...) a vontade geral não coincide necessariamente com a vontade de todos. O que generaliza a vontade não é o número de vozes, mas o interesse comum que as une".

Importante atenção dedicou Souza Júnior e Fonseca (2017) ao fenômeno jurídico da luta encampada pelo sujeito coletivo de direito por libertação, contra as estruturas estatais, ainda que esteja entre estas a Lei. Assim lecionaram em contributivo artigo publicado na revista Direito e Práxis:

> A luta social de sujeitos coletivos por libertação se expressa como fenômeno jurídico que tem a potência de realizar um poder constituinte aberto e soberano que se atualiza constantemente sem se fechar nas estruturas normativas estatais. Desse modo, apesar de na atualidade as coletividades travarem as suas lutas sociais na disputa interna da estrutura estatal, o que se coloca no horizonte é a busca pelo rompimento das colonialidades que a sustenta (SOUZA JÚNIOR; FONSECA, 2017, p. 2897).

Analisando a forma de construção do sujeito, Touraine (2009) percebe como negativa e destrutiva ou positiva e inclusiva, conclamando, a se livrar de um conceito de moralista do sujeito, que se conforma e se subordina a direitos expressos. Bem disseca o autor:

> Esse "sujeito" pode ser constituído de uma forma tanto negativa e destrutiva como positiva e inclusiva. Ele pode se definir como uma raça, como o representante de um Deus, como uma elite, e de muitas outras formas que recusam ou destroem os direitos das outras pessoas. Isso acontece quando um indivíduo ou categoria reivindica ter o monopólio da subjetividade significativa. Esse é o caso dos movimentos comunitários quando se recusam a se subordinar àqueles direitos individuais e universais que são expressos, em particular, pelo conceito de cidadania. Essa

observação permite que nos livremos, em boa hora, da crítica superficial, segundo a qual a noção de sujeito é "moralista" e constitui uma ideologia que encoraja o conformismo e o conservadorismo (TOURAINE, 2009, s.p.).

Wolkmer (2011) faz importante avaliação da legitimidade dos novos sujeitos coletivos para instituírem essa legalidade insurgente decorrente das próprias reivindicações, percebendo que a verdadeira Justiça e o Direito são conquistas do povo, do social coletivo que não se confunde com o que está simplesmente positivado pelos órgãos que, em tese, deveriam ser responsáveis pela implementação da democracia. Destaca o autor:

> A "identidade" aceita e partilhada sobre o que seja "outra" juridicidade está calcada na própria legitimidade de os novos sujeitos coletivos instituírem uma legalidade insurgente, instrumentalizada por suas próprias práticas reivindicatórias, interesses e necessidades cotidianas. Tal premissa acerca da "identidade" comunitária permite estabelecer que a Justiça e o Direito são conquistas do povo, extraídos de um social conflitivo e de relações de força que não se confundem com o "legal" positivado e outorgado pelas minorias, camadas e classes privilegiadas, detentoras do poder político e econômico. Trata-se da concepção política comum do Direito e da Justiça, que não passa pelo "legal" abstrato e aleatório, pré-determinado por órgão burocratizado e equidistante da realidade imediata e vivida (WOLKMER, 2011, p. 337).

Inspirado em ensinamentos de Alain Touraine continua a trazer Souza Júnior (2011) as relevantes percepções acerca do sujeito coletivo de direito quando encampam lutas por direitos libertários, resgatando o ser de direito, dentro do que chama de projeto identitário, quando escreve:

> Para Touraine (2006, p. 136) "o sujeito está presente nos indivíduos, nos grupos e nos movimentos sociais". "Quem se torna sujeito retorna a si mesmo, àquilo que confere sentido à sua vida, aquilo que cria sua liberdade, sua responsabilidade e sua esperança". Para ele, nos conflitos e movimentos sociais há apelo "à igualdade, à liberdade, à justiça e ao respeito de cada um" (Touraine, 2006, p. 140). Por isso, atento aos movimentos das categorias inferiorizadas (trabalhadores, colonizados e mulheres) que lutaram por sua libertação, ele resgata a idéia do ser de direito" (Touraine, 2006, p. 142), ao mesmo tempo em que estabelece como fundante da nova figura de sujeito a presença da consciência e de um projeto (identitário).(TOURAINE, 2006 citado por SOUSA JÚNIOR, 2011, p. 156-157).

Por isso, importa afirmar que desde a formação, do nascedouro desse Sujeito Coletivo responsável por instituir direitos, não se faz necessária a bênção do Estado ou sua permissão, haja vista surgir das necessidades deste sujeito por direitos, emergindo sociologicamente no dia-dia. Ou contrário, como acima aduzido, possuem essa natureza exatamente em confronto às forças e ideias estatais.

Wolkmer (2013) bem expressa a importância de reconhecimento desse Sujeito Coletivo de Direitos para o processo histórico de conquistas sociais, transformando sujeitos inertes em sujeitos livres.

> Atualmente, o foco é um sujeito vivo, atuante e livre, que participa, autodetermina e modifica o mundo do processo histórico social. O "novo" e o "coletivo" não devem ser pensados em termos de identidades humanas que sempre existiram, de acordo com os critérios de classe, etnia, sexo, idade, religião ou necessidades, mas com base na posição que permitia sujeitos inertes, dominados, submissos e espectadores, tornam-se sujeitos emancipados, participantes e criadores de sua própria história. É assim que, ao caracterizar a noção de sujeito como uma entidade que implica o "novo" e o "coletivo", devemos privilegiar os movimentos sociais recentes em uma pluralidade de sujeitos. Atualmente, os movimentos sociais são sujeitos de uma nova cidadania, revelando-se fontes autênticas de uma nova Legitimidade (WOLKMER, 2013, p. 11-12).

Essa forma de atuação dos Novos Movimentos Sociais como uma nova pluralidade de sujeitos, desta feita postos não mais em papeis coadjuvantes para criação dos próprios direitos, mas como atores principais nesse processo transformador, é essencial para conquistas vindouras e afirmação das pretéritas.

Com a preocupação de não individualizar a luta e a afirmação de direitos individualmente, bem destaca Luana Paula Moreira Santos, em importante obra lançada pela Universidade do Estado do Rio Grande do Norte sobre Feminismo, a relevância do sujeito coletivo para imprimir a luta LGBT enquanto Movimento Social, em vez do individualismo, quando cita:

> A ação individual, desarticulada pode, inclusive, tornar o sujeito alvo fácil das violências, principalmente, quando o Estado corrobora e perpetua as práticas opressivas à população LGBT.

Com isso também, destacamos que a importância do publicizar na perspectiva do sujeito coletivo, assim como do assumir na dimensão individual não pode e não deve ser imposta, requer ao sujeito condições objetivas e subjetivas de fazê-lo (SANTOS, 2018, p. 314).

É assim que se desenvolvem práticas enunciadoras dos direitos, que o sujeito coletivo, ávido pelas realizações sociais libertadoras, que emanam dos movimentos sociais e dos novos movimentos sociais, estabelecem novas categorias jurídicas decorrentes das lutas, não só de classe, mas de etnia, sexo, idade, religião. A articulação para integração dos sujeitos coletivos entre si é tão fundamental quanto para sua formação e reconhecimento social.

No caso específico do Movimento Social Quilombola a ser tratado abaixo, é importante perceber a sua decorrência do Movimento Negro, desde a formação dos quilombos até os dias atuais, com um viés específico, todavia, que o seleciona como uma articulação surgida dos problemas próprios de quem tem raízes nos quilombos, que enfrentam problemas também típicos, além de toda a carga de discriminação sofrida pela população negra.

É importante adiantar que a intenção de abordar o movimento social quilombola não é de enfraquecer ou tirar o mérito do movimento negro em geral pelas conquistas alcançadas em favor de toda população negra, dentre os quais os quilombolas. Ao contrário. Na verdade, não só os movimentos negros devem estar sempre articulados, mas todos os movimentos socais que eclodem de lutas contra o capitalismo, patriarcado e colonialismo arraigado nas práticas particulares e estatais.

Daí, também, a importância de tratar dos movimentos sociais e dos sujeitos coletivos de direitos antes de ingressar especificamente no Movimento Social Quilombola.

Conhecer os quilombos, suas lutas sociais, analisar a sua organização enquanto sujeito coletivo de direito, seus interesses e disputas em pauta, é fundamental para discussão e recrudescimento desse movimento negro no país.

3. MOVIMENTO SOCIAL QUILOMBOLA E QUILOMBOS NO ESTADO DO RIO GRANDE DO NORTE

Nessa parte é abordada a chegada do negro no Brasil e um breve histórico do escravismo no Estado do Rio Grande do Norte, trazendo diferentes posicionamentos de como se deu o processo de escravização, apresentando posicionamentos de sociólogos, filósofos, historiadores, cientistas sociais, antropólogos acerca do tema.

A carência de informações sobre como se deu o escravismo no estado torna por demais controvertida, havendo posicionamentos diversos quanto aos números, atos e forma de análise.

Conceitos fundamentais do período da colonização são trazidos através da legislação da época e a forma como esses conceitos foram sendo reafirmados, ressemantizados (ARRUTI, 2008) ou frigorificados (ALMEIDA, 2011), por simplesmente repetirem os textos normativos da época são parte importante na análise. A crítica e evolução desses textos normativos e desses conceitos também fazem parte da abordagem.

A formação de quilombos por negros fugidos, libertos ou de comunidades de descendentes de escravizados são configurações do nascimento dessas comunidades, que se uniram e permanecem unidas por uma identidade étnica, relacionada à cultura, religião, resistência política, mas aos anseios dos grupos enquanto sujeito coletivo de direitos.

A luta e resistência como tônica dos quilombos é apresentada como uma das vertentes na análise histórica das formas de perceber esses grupos, que passam por controvérsias historiográficas desde a forma de como se constituíram, até se chegaram a existir ou não.

A Carta Magna de 1988 constitui um importante marco de conquistas no âmbito normativo, principalmente sobre os aspectos étnico-raciais e territoriais da população negra, mas as lutas e o movimento social quilombola são os verdadeiros instrumentos garantidores das conquistas de políticas públicas relacionadas aos direitos sociais e à cidadania.

O reconhecimento como quilombos e a demarcação das terras em um processo moroso, assoberbado de exigências e investigações jurídicas, sociais e antropológicas é tratado como mais um tópico destes capítulos da resistência e lutas política do povo quilombola.

A libertação dos escravizados no estado e suas vertentes elitistas são expostas e tratadas junto com críticas a essa forma de narrativa, apresentando-se a necessidade de uma análise sob o aspecto de sofrimento, fuga, resistência pelos quais passaram os negros, evitando a romantização do escravismo (LEITE, 2000) em qualquer que seja a atividade desenvolvida pelo escravizado.

A quantidade atual de quilombos em fase de reconhecimento no Estado do Rio grande do Norte, nominadas pelo art. 68 dos Atos e Disposições Constitucionais Transitórias de "remanescentes de quilombo", sua situação no processo junto ao INCRA para concessão dos títulos de terra e acesso à sua territorialidade é parte da abordagem deste capítulo.

Ainda que em uma análise perfunctória do texto constitucional, resta claro que o que se busca com a conferência desses direitos é a promoção da igualdade ou, ao menos, a mitigação da desigualdade social, tão comum em países onde reina a persistência de um colonialismo destrutivo e onde encontram-se arraigados a escravidão dos negros e, no caso tupiniquim, também do povo indígena (FERNANDES, 2017).

São tratados, ainda, fundamentos legais e constitucionais atinentes à direitos e reconhecimento dos quilombos, bem como as conquistas decorrentes das lutas do povo negro e da população quilombola como resistência. A organização dessas lutas e a identidade entre os sujeitos que se unem pela resistência, é ponto de partida para, nesse contexto que se reputa relevante explicar, o movimento social quilombola.

Por último, é nesse capítulo que será caracterizado o município de Pedro Avelino, que se localiza no sertão central do Estado do Rio Grande do Norte e a comunidade quilombola da Aroeira, na zona rural do município, grupo que a partir do ano de 2006 passou a lidar com a questão do seu autorreconhecimento enquanto comunidade remanescente de quilombo[5] e ainda luta

---

[5] Por não entender que o quilombo apenas remanesce, esta expressão será utilizada somente quando estiversendo tratado o texto constitucional ou normativo.

pela concessão dos títulos de terra e territorialidade.

Visa este último tópico do capítulo, assim, caracterizar essa comunidade, sua dimensão, população, quantidade de famílias, situação do processo de concessão do título de terra, levando em conta, também, a prática do sistema de uso comum de suas terras por eles reconhecidas como um espaço coletivo e indivisível, percebendo regras consensuais traçadas pelo grupo, bem como pelas normas estatutárias da associação da comunidade.

Pelas suas práticas públicas afirmativas, com impulso inicial da declaração da sua autodefinição como "comunidade remanescente de quilombo" e por se identificaram como um sujeito coletivo, dão início ao moroso processo que culmina com a luta pelo território, e que tramita há mais de 17 (dezessete) anos entre os órgãos federais INCRA, Fundação Cultural Palmares, Ministérios, dentre outros.

3.1 MOVIMENTO SOCIAL QUILOMBOLA: CONCEITOS FUNDAMENTAIS E IMPORTÂNCIA HISTÓRICA

Discutir em um mesmo escrito temas como Direito e Escravização já faz perceber um certo paradoxo, incompatibilidade entre eles, haja vista que os escravizados, pela própria acepção da figura, não se coadunam com a aquisição e exercício de direitos, especialmente os da personalidade, sendo sempre relevante tratar do tema para que nada parecido possa ocorrer na humanidade, especialmente nos países com democracia instituída, e que os direitos que foram vilipendiados historicamente sejam garantidos aos seus descendentes. Rousseau (1973) trata no Contrato Social essa relação entre escravismo e direito, fulminando a primeira para demonstrar a necessidade de preservar o segundo:

> Assim, seja qual for o modo de encarar as coisas, nulo é o direito de escravidão não só por ser ilegítimo, mas por ser absurdo e nada significar. As palavras escravidão e direito são contraditórias, excluem-se mutuamente. Quer de um homem a outro, quer de um homem a um povo, será sempre igualmente insensato este discurso: "Estabeleço contigo uma convenção ficando tudo a teu cargo e tudo em meu proveito, convenção essa a que obedecerei enquanto me aprouver e que tu observarás enquanto for do meu agrado (ROUSSEAU, 1973, p. 35).

Passados mais de 135 anos da libertação legal dos escravizados no Brasil, resta claro que esse ato formal não expirou substancialmente os seus efeitos por motivos diversos. O não alcance do que vem a ser efetivamente democracia parece impedir o aperfeiçoamento desse instituto. Importante observação faz Santos (2016) expressando que a democracia humanística não se alcança pelas promulgações de leis. Trazendo a África como exemplo, onde se tinha uma promissão de igualdade com o fim o apartheid, os negros não tiveram alcance algum dessa igualdade. É o que observa o autor:

> Os estudantes que hoje estão a ocupar as universidades da África do Sul, o que eles fazem, é uma conclusão extraordinária de jovens negros africanos, que chegaram a esta conclusão, vinte

> anos depois do Apartheid, eu continuo exatamente como era, continuo excluído das universidades, a universidade continua sendo de brancos, ainda tem muito pouco negros na universidade, as inscrições são cada vez mais caras no ensino público, que lá é pago, e, portanto, eu estou numa universidade. Vinte anos depois dizem que a África do Sul passou do Apartheid para o neo Apartheid, portanto é esta mudança, é esta sutileza que eu aprendo com eles. Toda a minha teoria real vem dessa "escuta profunda" que eu faço com os movimentos, é essa lógica entre continuidade e descontinuidade (SANTOS, 2016, p. 64).

É cediço que o Brasil é um país com sérios entraves relacionados a questões étnicas e sociais. A exploração do trabalho escravizado e toda a política de escravismo deixaram feridas indeléveis quando se fala em igualdade racial.

Embora não se saiba ao certo a época que os primeiros escravizados chegaram no Brasil, sabe-se que foi com a introdução da cultura da cana-de-açúcar, por alvará de 1549, que o Rei de Portugal concedeu aos senhores de engenho o direito de importar, cada um, 120 escravizados, legalizando, assim, o escravismo que se espalhou por toda colônia (FEMENICK, 2000).

Junto com a opressão da população negra, a morte, o sofrimento e o tratamento como um ser animado pertencente ao homem branco, surge no país colonial, também, a reação de lutar inicialmente pela vida e liberdade, tempo em que muitos escravizados passaram a fugir para localidades onde não poderiam ser encontrados pelos seus senhores, em uma luta natural por direitos atinentes à sua própria personalidade (GOULARTE, 2000 citado por SILVA, 2000, p. 8).

Para a exploração mais lucrativa dos latifúndios, a alternativa escrava era a que melhor serviria ao sistema porque, se fossem importados homens livres, estes poderiam tomar-se donos de um pedaço das terras devolutas que existiam em abundância; além disso, aos traficantes era lucrativo trocar "negros" por produtos tropicais que comercializavam na Europa (Cf. WOLKMER, M. F. S. Op. cit., p. 33-34). Há de se levar em conta que, diante da tentativa de escravizar os índios não tão bem-sucedida, os grandes proprietários assentaram seu poder econômico e social no incremento do tráfico de negros escravizados (WOLKMER, 2003).

Definitivamente, necessidade da luta pela "libertação" não cessou com a Lei Áurea[6]. Cem anos depois, objeto de prélios, dentre outros dispositivos constitucionais, que conferem relevantes direitos sociais, está o artigo 68 dos Atos e Disposições Constitucionais Transitórias da Constituição Federal, ao disporem que "aos remanescentes das comunidades dos quilombos que estejam ocupando suas terras, é reconhecida a propriedade definitiva, devendo o Estado emitir-lhes os títulos respectivos".

A luta para ter acesso à propriedade privada é histórica e os entraves já partiam do próprio Estado. Já a primeira Lei de Terras, escrita e lavrada no Brasil, datada de 1850, exclui os africanos e seus descendentes da categoria de brasileiros, situando-os numa outra categoria separada, denominada "libertos". Desde então, atingidos por todos os tipos de racismos, arbitrariedades e violência

---
[6] Lei nº 3.353, de 13 de maio de 1888.

que a cor da pele anuncia e denuncia, os negros foram sistematicamente expulsos ou removidos dos lugares que escolheram para viver, mesmo quando a terra chegou a ser comprada ou foi herdada de antigos senhores através de testamento lavrado em cartório. Para eles, o simples ato de apropriação do espaço para viver passou a significar um ato de luta, de guerra. As terras de herança, deixadas pelos senhores para os seus ex-escravizados foram, sem dúvida, uma forma de compensação ainda que pouco discutida pela literatura, talvez porque os casos até agora encontrados constituem raras exceções e mesmo estas doações não foram respeitadas pelos parentes dos doadores (LEITE, 2000).

Para Moura (1987) essas comunidades de ex-escravizados organizavam-se de diversas formas e tinham proporções e duração muito diferentes. Havia pequenos quilombos, compostos de oito homens ou pouco mais; eram praticamente grupos armados. No recesso das matas, fugindo do cativeiro, muitas vezes eram recapturados pelos profissionais de caça aos fugitivos, chamados de capitães do mato no Brasil. Para o autor, a quilombagem no Brasil era fruto das contradições estruturais do sistema escravista e refletiam, na sua dinâmica, em nível de conflito social, a negação desse sistema por parte dos oprimidos (MOURA, 1987, p. 12- 13).

Lopes (2006 citado por SANTOS, 2012, p. 18) diz que a reunião desses escravizados desertores em clãs é o que se denomina quilombo, termo utilizado para identificar a união dos negros, a reunião em acampamento. Assim, muitos desses negros que se uniram durante o período de escravidão, deixaram seus descendentes em comunidades oriundas dos antigos quilombos, as chamadas comunidades quilombolas, que, por questões étnica, cultural, social, religiosa, econômica, continuam unidos até hoje.

O quilombo constitui questão relevante desde os primeiros focos de resistência dos africanos ao escravismo colonial, reaparecendo no Brasil/república com a Frente Negra Brasileira (1930/40), retornado à cena política no final dos anos 70, durante o início da redemocratização do país. Trata-se, portanto, de uma questão persistente, tendo na atualidade importante dimensão na luta dos afrodescendentes (LEITE, 2000).

Para Arruti (2008) a construção conceitual de quilombo não é das mais simples. Segundo o autor, apreender o quilombo como um objeto em disputa, em processo, aberto, não se está afirmando-o como um signo sem significante. Pelo contrário, está reconhecendo que, entre a enorme variedade de formações sociais coletivas contemporâneas, que derivaram direta ou indiretamente das contradições internas ou mesmo da dissolução da ordem escravista e o termo "quilombo" há uma construção conceitual.

Pelas inúmeras nomenclaturas dos quilombos e pelas formas como a Lei e a Constituição Federal se referem a essas comunidades, já se pode perceber que conceituá-lo não é algo simples ou objeto de consenso.

Em uma visão claramente positivista, o INCRA define quilombo como uma categoria jurídica usada pelo Estado brasileiro a partir da Promulgação da Constituição Federal de 1988, visando assegurar a propriedade definitiva às comunidades negras rurais dotadas de uma trajetória histórica própria e relações territoriais específicas, bem como ancestralidade negra relacionada com o período escravocrata. Nesse sentido, há outras terminologias para o termo quilombo, como Terras de Preto, Terras de Santo, Mocambo, Terra de Pobre, entre outros (INCRA, 2020).

Para Leite (2000) o significado de quilombo mais recorrente é o que remete à ideia de "nucleamento, de associação solidária em relação uma experiência intra e intergrupos". Analisando sobre o aspecto da territorialidade afirma que esta funda-se imposta por uma fronteira construída a partir de um modelo específico de segregação, mas sugere a predominância de uma dimensão relacional, mais do que de um tipo de atividade produtiva ou vinculação exclusiva com a atividade agrícola, até porque, mesmo quando ela existe ela aparece combinada a outras fontes de sobrevivência (LEITE, 2000).

Continua a antropóloga relatando a importância da terra como base geográfica, posta como condição de fixação, mas não como condição exclusiva para a existência do grupo. A terra é o que propicia condições de permanência, de continuidade das referências simbólicas importantes à consolidação do imaginário coletivo, e os grupos chegam por vezes a projetar nela sua existência, mas, inclusive, não têm com ela uma dependência exclusiva (LEITE, 2000).

Sobre o termo quilombo, afirma Arruti (2008), que vem sendo no curso da história ressemantizado. E explica:

> Com a instauração da ordem republicana, o termo quilombo não desaparece, mas sofre suas mais radicais ressemantizações, quando deixa de ser

usado pela ordem repressiva para tornar-se metáfora corrente nos discursos políticos, como signo de resistência, sendo visto como resistência cultural, tendo como tema central a persistência ou produção de uma cultura negra no Brasil. O segundo plano de ressemantização do quilombo passaria pela sua vinculação à resistência política, servindo de modelo para se pensar a relação (potencial) entre classes populares e ordem dominante. E o terceiro é operado pelo movimento negro que, somando a perspectiva cultural ou racial à perspectiva política, elege o quilombo como ícone da "resistência negra" (ARRUTI, 2008, p. 4-6).

Mesmo diante dessas ressignificações, o que permanece como interseção entre elas é a resistência negra, que se encontra presente nas lutas do Movimento Social.

Para Almeida (2011) o conceito de quilombo foi frigorificado, pois quase todos os autores por ele consultados[7], sejam do presente ou do passado, trabalharam com o mesmo conceito jurídico-formal, que levaram a uma referência histórica do período colonial. Esse conceito é composto de elementos descritivos e foi produzido em decorrência de uma "resposta do rei de Portugal" em virtude de consulta feita ao Conselho Ultramarino, em 1740. Quilombo foi formalmente definido como: "toda habitação de negros fugidos, que passem de cinco, em parte despovoada, ainda que não tenham ranchos levantados e nem se achem pilões nele" (CONSELHO ULTRAMARINO, 1740 citado por ALMEIDA, 2011, p. 59).

---

[7] Cita como exemplo do clássico de Perdigão Malheiro, A Escravidão no Brasil- ensaio histórico, jurídico, social que é de 1866, até os recentes trabalhos de Clóvis Moura, de 1996.

Comenta Almeida (2011) que, consoante esta norma, os elementos constitutivos da conceituação de quilombo abrangeriam ações em grupo, que negariam a disciplina do trabalho, localizadas à margem dos circuitos de mercado. Nesta linha, destaca o autor cinco características que sempre aparecem de maneira combinada, invariáveis de uma certa totalidade definitória de quilombo, as resumindo assim:

> a) fuga; b) quantidade mínima de "fugidos" definida com exatidão; c) localização marcada por isolamento relativo, isto é, em "parte despovoada"; d) moradia consolidada ou não; e) capacidade de consumo traduzida pelos "pilões" ou pela reprodução simples que explicitaria uma condição de marginal aos circuitos de mercado (ALMEIDA, 2011, p. 39).

Malheiro (1866) comentando as leis positivas pertinentes à escravidão, especialmente as normas do império sobre a lei criminal e policial, conceitua o que seria o quilombo no §14, quando assim descreve:

> Entre nós foi freqüente desde tempos antigos, e ainda hoje se reproduz, o fato de abandonarem os escravos a casa dos senhores e internarem-se pelas matas ou sertões, eximindo-se assim de fato ao cativeiro, embora sujeitos à vida precária e cheia de privações, contrariedades e perigos que aí pudessem ou possam levar. Essas reuniões foram denominadas quilombos ou mocambos; e os escravos assim fugidos (fossem em grande ou pequeno número) quilombolas ou calhambolas (123)[8] — No Brasil tem sido isto fácil aos escravos

---
[8] Assim explica o autor a utilização dos termos foram tratados nas normas do império: (123)

em razão de sua extensão territorial e densas matas, conquanto procurem eles sempre a proximidade dos povoados para puderem prover às suas necessidades, ainda por via do latrocínio. É alheio do nosso propósito atual dar notícia mais minuciosa; é, porém, por demais notável o quilombo dos Palmares, para que deixemos de mencioná-lo (124) (MALHEIRO, 1866, p. 25).

Apresentando crítica a essa forma normativa, "frigorificada" da definição de quilombos, Almeida (2011) traz como um novo significado, considerando a passagem de quilombo, enquanto categoria histórica e do discurso jurídico formal, para um plano conceitual construído a partir do sistema de representações dos agentes referidos às situações sociais classificadas hoje. Assim, bem pondera o autor:

> Está-se diante de uma ruptura teórica. Além disto, observa-se que os agentes sociais que se autorrepresentam ou são definidos, direta ou indiretamente, através da noção de quilombo, evidenciam que ela adquire sentido ao expressar o reconhecimento de suas formas intrínsecas de apossamento e uso dos recursos naturais e de sua territorialidade, descrevendo uma nova interlocução com os aparatos de poder (ALMEIDA, 2011, p. 47).

Um aspecto importante da percepção do quilombo como organização política e como campo de exercício de cidadania pode ser apreendido nas lições de Soares e Piacentin (2018), quando

---

Calhambola se lê, entre outros, no Alv. de 3 de março de 1741; quilombolas na Provis. de 6 de março do mesmo ano, e em outras.
— Era reputado quilombo, desde que se achavam reunidos cinco escravos (Provis. cit. de 6 de março de 1741). (MALHEIROS, 1866).

escrevem no seguinte sentido:

> Assim formaram-se os quilombos, comunidades compostas pelos negros fugidos das grandes fazendas de cana-de-açúcar e das minas de pedras e metais preciosos. E, nos quilombos, os negros exerciam eficaz economia de subsistência e organizavam-se politicamente, experimentando a participação na tomada de decisões fundamentais do grupo como jamais imaginara-se até então no Brasil. O ato de fugir das fazendas de cana-de-açúcar e instalar-se em quilombos, portanto, indica a busca de "cidadania" por parte do negro escravizado pelo regime colonial, de modo que não há como falar de comunidades quilombolas sem dimensionar essa busca pelo exercício de direitos (SOARES; PIACENTIN, 2018, p. 88).

Tem-se, pois, que existe uma série de categorias em torno do conceito de quilombo, levando em conta critérios históricos, antropológicos, jurídicos, sociais, filosóficos. Alguns deles, senão todos, poderiam fundamentalmente estar presentes em uma conceituação ampla do termo. Todavia, a busca por essa completude poderia expor um conceito eclético, incompreensível, e, especialmente, correndo o risco de não alcançar o objetivo conceitual.

Despido, pois, da preocupação de conceituar de maneira completa, diante da compreensão do que se afigurou acima, é possível dizer que quilombo é união de descendentes de escravizados em razão de uma identidade étnica, que lutam, mediante perspectivas políticas de preservação de valores históricos, culturais, em busca de direitos sociais e cidadania, imbuídos pelo sentimento de resistência e territorialidade, enquanto sujeito coletivo de direitos.

É diante dessa nova percepção de quilombo, visto como ato de organização, resistência, luta, nova interlocução com o aparato estatal, que passa a se afigurar o movimento social quilombola. Essa visão do quilombo como resistência contra atitude do sistema opressivo é tratada por Leite (1999), quando traz à lume a necessidade de discussão da exclusão do negro no passado para melhor compreender a cidadania hoje negada. Assim disserta:

> O ato de aquilombar-se, ou seja, de organizar-se contra qualquer atitude ou sistema opressivo passa a ser, portanto, nos dias atuais, a chama reacesa para, na condição contemporânea, dar sentido, estimular, fortalecer a luta contra a discriminação e seusefeitos. E o fogo que vem, agora, não queimar, mas iluminar uma parte do passado, aquele que salta aos olhos pela enfática referência contida nas estatísticas onde os negros são a maioria dos socialmente excluídos. Quilombo vem a ser, portanto, o mote principal para se discutir uma parte da cidadania negada (LEITE, 1999, p. 141).

Exatamente através do Movimento Social Quilombola, como instrumento de organização e lutas, que os quilombos buscam direitos sociais, direitos humanos e cidadania, afirmando e resgatando, em coletividade, seus valores históricos e étnicos.

Diante dessas novas perspectivas de atuação dinâmica dos quilombos é que Almeida (1998) afirma que o quilombo passa a ser visto como um fator de mobilização política, um tema obrigatório da ordem do dia do campo de poder, ao mesmo tempo em que constitui um critério político-organizativo para os movimentos que começam a se estruturar em tomo de entidades locais de representação, as chamadas "associações de moradores" e "associações de remanescentes de quilombos", ambas organizadas de acordo com unidades sociais designadas como "povoado", "sítio" e/ou "centro", e de articulações mais amplas que pretendem a delegação em termos nacionais (ALMEIDA, 1998, p. 53).

Antes, porém, de versar sobre o Movimento Social Quilombola, é fundamental trazer conceitos fundamentais para identificá-lo, caracterizá-lo.

Para analisar importância do Movimento Social Quilombola, pode-se partir de referências que avocam, conclamam, para o movimento dos negros, relatando a sua importância e deixando claro que a iniciativa e sua organização deve partir, tanto na luta de classe, como da população negra, dos próprios espoliados que, por sinal, na grande maioria das vezes, são coincidentemente envolvidos em ambas as categorias. A bem da verdade, nada legitima mais a luta que o sofrimento e a necessidade de conquista, comum à classe trabalhadora e aos negros aquilombados. Nesta linha, aduz Fernandes (2017):

> E como é urgente que o negro se organize, como fez no passado (nas décadas de 30 e de 40, em São Paulo e no Rio de Janeiro), em movimentos sociais que tenham por objetivo destruir as barreiras sociais e as barreiras raciais que são obstáculos a sua participação na economia, na sociedade civil, na cultura, no Estado etc., em posição de igualdade com os brancos de posição de classe análoga. Marx e Engels afirmaram que a emancipação coletiva dos trabalhadores deve ser realizada pelos próprios

trabalhadores. Essa afirmação também é verdadeira com referência aos negros. Cabe-lhes conquistar a sua auto-emancipação coletiva, liberando-se de uma situação desumana, ultrajante e insustentável, que nos prende ao passado e a padrões de dominação racial obsoleto (FERNANDES, 2017, p. 41).

Quiroga (1991), utilizando-se da teoria Marxiana para melhor explicar o acesso às condições de vida decorrentes da luta social, abraça a importância dos Movimentos Quilombolas adensarem essa luta, como meio a contribuir para a "emancipação humana", através desse movimento social, entendendo como forma capaz de "varrer o velho e criar o novo", também relacionado às camadas sociais. Assim, expõe:

> Nessa perspectiva compreendemos que para além da luta social, imprescindível para acesso de condições de vida, as ações dos quilombolas poderão adensar a luta mais ampla, articulada às demais camadas de classe que tem como horizonte a emancipação humana. Essa reflexão, quando apreendida na totalidade, revela a essência das velhas estruturas, bem como a necessidade de superá-las, o que pode ocorre a partir da organização e da luta daqueles segmentos que, por sua situação social, de exploração no interior do capitalismo, constituem "a força humana capaz de varrer o velho e criar o novo" (MARX; ENGELS, 1991, p. 88 citado por QUIROGA, 1991).

Todavia, embora os Movimentos Sociais, dentro das premissas tradicionais Marxista, tenham várias intercessões com a luta quilombola, lute por emancipação humana, quando se fala em Movimento Social Quilombola, surge uma nova categoria, que se diferencia dos movimentos tradicionais, que se incluem como Novos Movimentos Sociais, com classificação e pautas mais específicas, relacionadas à questão étnico-racial. Bem chama atenção para essa diferenciação Gohn (1997), quando disserta:

> Os NMS caracterizam-se pelo estudo de movimentos sociais num approach mais construtivista, tomando como base movimentos diferentes dos estudados pelo paradigma clássico marxista. Eles se detiveram no estudo dos movimentos de estudantes, mulheres, gays, lésbicas e em todo o universo das questões de gênero, das minorias raciais culturais etc. A novidade na práxis histórica dos movimentos, mas as categorias utilizadas para explicar estas formas de processo social não estão claras, porque não partem das novidades em si mesmas, mas seus resultados, sendo a identidade coletiva sua expressão máxima (GOHN, 1997, p. 127-128).

Vendo como um Novo Movimento Social, Barbara Oliveira Souza (2008) reconhece o Movimento quilombola como uma mobilização pautada num referencial coletivo com suas ações arrimadas em interesses comuns identitários, sendo, além de aspectos econômicos, culturais e sociais.

Como dito acima, o Movimento Social quilombola, dentre as classificações de Movimentos Sociais, se enquadra nos Novos Movimentos Sociais. Nessa perspectiva, como uma mobilização pautada em um referencial coletivo que baliza suas ações em critérios subjetivos, identitários e comunitários, para além de uma abordagem voltada para aspectos econômicos, se constitui, também, a partir de aspectos culturais e sociais (SOUZA, 2008).

Essa construção histórica do Movimento Social Quilombola como sujeito coletivo passa, como visto, por significativas lutas, antes mesmo da abolição do escravismo no Brasil, até os dias atuais.

Atualmente, dentre as lutas desse Novo Movimento Social, viver em comunidade, tendo assegurado o território onde encontram-se fincadas suas raízes, como elo a manter o espírito coletivo nas suas lutas e conquistas é um dos grandes desafios comuns a essas coletividades.

Assim, como afirmado, os Novos Movimentos Sociais não estão simplesmente relacionados à classe ou questão econômica, fazendo se identificarem pela identidade que formam um novo sujeito coletivo de direitos para implementar suas lutas com uma maior participação política.

Os Novos Movimentos estão mais preocupados em assegurar direitos sociais - existentes ou a ser adquiridos para suas clientelas. Eles usam a mídia e as atividades de protestos para mobilizar a opinião pública a seu favor, como forma de pressão sobre os órgãos e políticas estatais. Por meio de ações diretas, buscam promover mudanças nos valores dominantes e alterar situações de discriminação, principalmente dentro de instituições da própria sociedade civil (GOHN, 1997).

Percebe-se por essas fundamentações teóricas que o Movimento Social Quilombola se trata de um Novo Movimento Social, que transcende as discussões de classe, embora não a exclua, e conhecendo suas lutas e anseios, por direitos sociais, humanos, da cidadania, é possível perceber a sua identidade enquanto sujeitos coletivos de direitos.

A luta pela territorialidade, embora muito importante, não é a única bandeira que reúne quilombos e movimentos sociais, instituições e associações de grupos negros. Lutar pela desigualdade, direitos sociais, cidadania e direitos humanos faz com que esses sujeitos gerem uma identidade entre si.

Sobre essas lutas, bem abordam Kabengele Munanga e Nilma Gomes Lino, que a desigualdade e opressão nunca foi algo aceito pacificamente pela população negra, que derramou muito sangue na luta pela construção da sua cidadania, destacando quatro histórias de resistência no século XX. Realçam os seguintes movimentos:

- A Revolta da Chibata, movimento liderado por um negro, que se opôs ao modo como eram tratados os marujos da marinha brasileira, no início do século XX;
- A Frente Negra Brasileira, uma forma de organização política que surge a partir da ação de militantes negros paulistas pós-abolição, com intenções de se tornar uma articulação nacional;
- O Teatro Experimental do Negro - TEN - cujo projeto pedagógico destacava a educação como forma de garantir a cidadania para o povo negro e que tinha a arte e o teatro como instrumentos de expressão cultural e política;
- O Movimento das Mulheres Negras que destaca a articulação entre raça e gênero dentro das relações étnicos/raciais na sociedade brasileira de um modo geral e dentro dos movimentos sociais em específico (MUNANGA; GOMES, 2006, p. 108).

Mais adiante, dentro desse contexto histórico, em lutas distintas, mas num mesmo projeto político, outro importante aspecto da resistência negra se deu durante a ditadura militar de 1964, quando a população negra sofria, enquanto povo brasileiro, todas as atrocidades da ditadura e, nesse período, os grupos negros de protesto contra o racismo também foram reprimidos (MUNANGA; GOMES, 2006).

A partir dos anos 70 do século XX, a luta contra o racismo é reavivada, assim como a luta dos trabalhadores brasileiros de um modo geral. Os movimentos sociais que a ditadura tentou calar ergueram novamente as vozes e, no final dos anos 70 e início dos anos 80 do século XX, extrapolaram os fóruns da militância negra, vindo ao debate público a luta contra o racismo, juntamente com a luta do trabalhador, surgindo contornos na relação entre raça e classe social, por perceberem importante somar esforços na luta contra a desigualdade social e racial (MUNANGA; GOMES, 2006, p. 128-129).

Esse projeto de lutas sem prévia combinação entre os sujeitos ligados a cada ato de resistência, fortalece o movimento negro e contribui para as suas conquistas, deixando positivas marcas para futuros embates, preservando a característica de continuidade do Movimento Social Quilombola, como um Novo Movimento Social, que empunha disputas territoriais, culturais e sociais, enquanto Sujeito Coletivo de Direito.

Arrimado por essa classificação não tradicional de Movimento social, em 1996, Touraine afirmou que era preciso revisar o conceito de movimento social não apenas em relação ao movimento dos trabalhadores, mas revisá-lo na produção recente, dado as mudanças e o impacto da globalização na territorialidade e na soberania das nações, a crise e o declínio das instituições, as tensões individuais e dos grupos sociais entre o que querem ser (seus valores) e que realmente são na sociedade (Touraine, 1996, Conference ISA, Califórnia)(GOHN, 1997).

Enquanto isso, ao mesmo tempo que se teorizam novas discussões acerca do tema, os fatos sociais são pungentes e não esperam manifestações institucionais para implementar suas práticas e lutas, diante das novas necessidades e vicissitudes.

Importante acontecimento para a luta ligada à redemocratização contemporânea no Brasil se deu no Teatro Experimental do Negro (TEN), já em 1944. Nesse movimento, buscava-se espaço nos teatros, sem que a cor fosse condição de discriminação dos atores, tendo um outro relevante significado por ter dado o pontapé inicial na utilização da imprensa antirracista, que passou a escrever com intuito de por todas as raças em paridade. Munanga (2006) bem narra esse acontecimento histórico, nos seguintes termos:

> A partir de 1943, começou no Brasil um intenso movimento pela volta da democracia. Os danos causados pelo Estado Novo no Brasil e a segunda grande guerra em curso aumentaram ainda mais a consciência de direitos de uma parcela da população brasileira. É nesse contexto que também os negros continuam a sua luta para se organizarem, exigindo seus direitos. No ano de

1944, surge na cidade do Rio de Janeiro o Teatro Experimental do Negro (TEN). Esse grupo, fundado e dirigido por Abdias do Nascimento, tinha o objetivo de abrir as portas das artes cênicas brasileiras para os atores e atrizes negros. O TEN foi responsável também pela publicação do jornal Quilombo, o qual retratou o ambiente político e cultural de mobilização antiracista no Brasil, no início da democracia contemporânea (MUNANGA, 2006, p. 121).

Entre altos e baixos da democracia Brasileira, a luta negra resiste ao período de ditadura militar iniciado em 1964 e, com um passo significativo de afirmação, organiza no ano de 1995, já, pois, sob os auspícios da Constituição Federal de 1988, a "Marcha Zumbi dos Palmares pela vida e contra todas as formas de discriminação"[9], organizada pelo movimento negro e com pautas sobre a igualdade racial e fim do preconceito. Silva, Trigo e Marçal (2015) narram, assim, os aspectos relevantes desse movimento para toda a população negra do país:

> A "Marcha Zumbi dos Palmares pela vida e contra todas as formas de discriminação", realizada em 20 de novembro de 1995, é considerada um marco para as relações raciais no Brasil. Uma grande mobilização Rev. Diálogo Educ., Curitiba, v. 13, n. 39, p. 559-581, maio/ago. 2013 e articulação de centenas de entidades negras levou os ativistas a Brasília. Após uma passeata em direção ao Planalto e algumas horas de espera, uma comissão foi recebida pelo Presidente da República e pôde entregar diretamente o documento que continha um diagnóstico da situação social da

---

[9] I Encontro Nacional de Comunidades Negras Rurais, foi realizado durante a Marcha Zumbi dos Palmares

contra a o racismo, pela cidadania e a vida, nos dias 17, 18 e 19 de novembro de 2005.

> população negra brasileira, bem como proposta de combate ao racismo e à desigualdade racial. Em seu pronunciamento, ao receber a marcha, a Presidência da República afirmou que o Brasil é um país racista, ou seja, foi o reconhecimento pelo Estado brasileiro que o racismo é um problema que assola o país. Para definir medidas de combate ao racismo pelo Estado, no mesmo pronunciamento, foi instituída uma Comissão de Trabalho Interministerial, que teve como presidente um ativista do movimento negro, Hélio Santos, que já havia ocupado o cargo de Presidente do Conselho Estadual da Comunidade Negra do Estado de São Paulo (SILVA; TRIGO; MARÇAL, 2015, p. 566-567).

Dez anos depois, arrimados em conquistas decorrentes da primeira marcha, foi organizada a "Marcha Zumbi dos Palmares + 10" que, como a anterior, também entregou documentos com diagnósticos e pleitos ao então presidente da república. Silva, Trigo e Marçal (2015) destacam desse movimento as seguintes informações:

> Em 2005, como ato de continuidade e comemoração da Marcha anterior, foi realizada a Marcha Zumbi dos Palmares + 10. Como o próprio nome já sugeriu, foi uma reedição da "Marcha Zumbi dos Palmares contra o racismo, pela cidadania e a vida", mas também teve um caráter de avaliação dos 10 anos do combate ao racismo, especialmente por parte do Estado. Parece que mesmo não alcançado um consenso geral das organizações do movimento negro como na Marcha de 1995, particularmente no que diz respeito à data de realização, a "Zumbi dos Palmares + 10" realizada em Brasília, em 16 de novembro de 2005, também produziu um documento diagnóstico, entregue ao presidente Luiz Inácio Lula da Silva, sobre a condição social da população negra brasileira (SILVA; TRIGO; MARÇAL, 2015, p. 570).

Em artigo escrito sobre o processo de implementação dos direitos do Programa Brasil Quilombola, informa-se que o surgimento do Movimento Nacional Quilombola, enquanto um movimento exclusivo, se deu apenas sete anos após a Constituição de 1988, marco normativo garantidor de direitos étnicos e raciais. Tomando por parâmetro a data do texto constitucional, é possível afirmar que os quilombos, até então, não representavam um movimento exclusivo, o que só veio a acontecer em novembro de 1995, no I Encontro Nacional de Comunidades Negras Rurais Quilombolas, onde importante representação levou à Presidência da República documento com as principais reivindicações (BARBOSA; BRAGA; RODRUIGUES, 2017).

Não se pode esquecer, contudo, de importante manifestação de grupos negros, ocorrida no final da década de 1970, que fez surgir o MNU (Movimento Negro Unificado), dando um impulso inicial ao movimento articulado e fazendo história no campo das manifestações raciais no Brasil. O fato é cuidadosamente relatado por Munanga (2004), quando assim explica:

> Na década de 70, no século XX, um fato importante que não podemos nos esquecer é de que, em 1978, ocorreu uma manifestação de vários grupos negros em São Paulo. Reunidos nas escadarias do Teatro Municipal protestaram contra a morte sob torturas do trabalhador negro Róbson Silveira da Luz e a discriminação sofrida por quatro atletas juvenis negros, expulsos do Clube de Regatas Tietê, em São Paulo.
> Durante o ato público que acompanhou a manifestação, ocorreu a unificação de várias organizações negras, nascendo assim o

> Movimento Negro Unificado, mais conhecido como MNU. O MNU tomou-se uma das principais entidades negras da atualidade, possui um caráter nacional, com sedes em Minas Gerais, Bahia, Rio de Janeiro, São Paulo e em outros estados. A luta contra a discriminação racial, as propostas para a superação do racismo na educação escolar, a discussão da questão racial dentro dos partidos da esquerda brasileira, a formação de lideranças políticas negras para atuar nas esferas políticas são algumas das muitas ações do MNU desde a sua fundação (MUNANGA, 2006, p. 128-129).

A partir do surgimento da MNU, os movimentos passaram a se dar de maneira mais articulada e um proeminente momento desse movimento foi em 20 de novembro de 1971, quando fizeram importante homenagem à Zumbi dos Palmares, que posteriormente seria o símbolo da data principal a ser comemorada pelos negros do país, o dia 20 de novembro, chamando doravante de "Dia da Consciência Negra". Munanga (2006) traz bem esse relato, assim descrevendo:

> A idéia de se marcar esse dia nasceu em Porto Alegre, no Rio Grande do Sul. A iniciativa foi, segundo o historiador Alfredo Boulos Júnior; do poeta Oliveira Silveira, membro do Grupo Palmares, uma associação cultural negra. Ao tomarem contato com o livro O Quilombo de Palmares, do baiano Edison Cameiro, os membros dessa associação concluíram que Palmares foi a maior manifestação de resistência negra ocorrida na história do Brasil.
> Assim, no dia 20 de novembro de 1971, um sábado, no Clube Náutico Marcilio Dias, fez-se a primeira grande homenagem a Zumbi dos Palmares. Desde então, os movimentos negros começaram a valorizar o dia 20 de novembro até que, em Salvador, no dia 7 de julho de 1978, o

> Movimento Negro Unificado — MNU propôso dia 20 de novembro como Dia Nacional da Consciência Negra. A proposta foi aceita por vários grupos, associações e movimentos negros de todo o país. O dia 20 tomou-se uma data que resgata e traz para a memória nacional o sentido político da luta, da resistência e da garra dos negros e das negras no Brasil (MUNANGA, 2006, p. 131).

Como percebe-se, até então a data comemorativa relacionada à população negra no país era o 13 de maio[10], em alusão à data da vigência da Lei Áurea de 1888, que teve o condão de acabar com a escravismo no Brasil. Inegavelmente, reconhecer Zumbi dos Palmares[11] como mais importante para a cultura, história e política do movimento negro do que a Princesa Izabel foi um significativo ato de afirmação étnica. Como propõe o nome dado à data, foi um acertado ato de consciência negra.

As primeiras articulações do Movimento Negro Rural, narrada por Arruti (2008), se deram antes mesmo do advento da Constituição Federal de 1988, serviu de arrimo para surgimento de movimentos e manifestações posteriores. Assim, relata esses importantes fatos o autor:

> A primeira articulação dessas comunidades se deu no Pará, em 1985, por meio dos Encontros de Raízes Negras. No Maranhão, a organização de

---

[10] Os movimentos negros atribuem, atualmente, um significado político ao 13 de maio, vendo-o como o dia Nacional de Luta contra o Racismo. (MUNANGA, 2006, p. 130).

[11] "Zumbi dos Palmares é um dos grandes nomes da história do Brasil. Ele foi um dos líderes do Quilombo dos Palmares, o maior e mais longevo quilombo da história de nosso país. Zumbi assumiu a liderança do quilombo, em 1678, e resistiu, durante quase 20 anos, contra as investidas dos portugueses. Foi morto após ter seu esconderijo denunciado, no dia 20 de novembro de 1695. Zumbi é, atualmente, um dos grandes símbolos da luta
dos negros e dos africanos contra a escravidão no Brasil. Sua memória também é utilizada, nos dias de hoje, como símbolo de luta dos negros contra o racismo presente na sociedade brasileira" (SILVA, 2020).

informações sobre tais comunidades teve início em 1986, por iniciativa de militantes do Centro de Cultura Negra (CCN), que começavam a visitar os agrupamentos negros do interior do estado para articular o I Encontro das Comunidades Negras Rurais do Maranhão, já visando às discussões relativas à redação da nova Carta Constitucional Federal. O Projeto Vida de Negro, surgido desse encontro (1987) com o objetivo de mapear as comunidades negras rurais do estado e levantar as suas formas de uso e posse da terra, manifestações culturais, religiosidade e memória oral, serviu de cabeça de ponte para a organização de novos encontros estaduais e microrregionais que se realizaram ao longo de todos os anos seguintes e que fomentaram o surgimento de várias entidades do movimento negro nos municípios do interior (CCN/SMDDH, 1998 citado por ARRUTI, 2008, p. 11).

Outros importantes encontros sociais históricos foram narrados por Almeida (2011) ao tratar do tema movimentos sociais na área rural da Amazônia, destacando dentre eles o I Encontro das Comunidades Negras Rurais do Maranhão, ocorrido em agosto de 1986, do qual, posteriormente, teriam suas decisões sido remetidas para Assembleia Constituinte quando foi tratada a aplicação do Art. 68 do Ato das Disposições Constitucionais Transitórias, referido explicitamente à titulação definitiva do território dos "remanescentes das comunidades de quilombo" (ALMEIDA, 2011).

Os movimentos sociais como instrumento de lutas e conquistas em favor da população negra, como sujeito coletivo que passa ser notado e ouvido, surgem na década de 1970 com novas pautas. José Antônio do Santos (2013) traz essas articulações culturais e políticas em torno da criação do Movimento Negro Unificado e a expansão inicial da história em direção a novos temas e problemas, aduzindo o seguinte:

> A emergência dos "novos movimentos sociais" iniciada naquela década, teve a sua culminância nos anos posteriores em que passou a haver uma maior influência sobre os recortes temáticos e temporais das pesquisas que se seguiram. Foi no contexto de transformações sociais e políticas contra o regime civil-militar que os historiadores iniciaram o processo que levou à renovação historiográfica recente. Período em que passaram a deter-se com maior fôlego sobre diversos aspectos da conquista da cidadania empreendida por escravos e libertos e sobre o processo inacabado de mobilidade social da maioria da população negra (SANTOS, 2013, p. 48).

No Rio Grande do Norte, uma relevante expressão do Movimento Social Quilombola é relatada por Freire (2012), quando trata da Comunidade Quilombola de Capoeira e traz importante a participação da "Kilombo" (Organização Negra do Rio Grande do Norte), surgida no final da década de 1980, incentivando e orientando essa comunidade, assim como outras do estado, a trabalhar valores étnico-raciais dos quilombos, aproximá-las de projetos e incluí-las no circuito nacional de discussões e mobilizações, além de orientar e incentivar a organização dos grupos em associações. Assim, descreve o estudo:

> Não obstante, o ano de 2003 tornou-se crucial para a mobilização política dos moradores de Capoeiras e de sua afirmação enquanto "comunidade

quilombola" nos últimos anos. Sobretudo por meio da presença de integrantes do movimento negro, através da Kilombo- Organização Negra do Rio Grande do Norte. A Kilombo é uma sociedade civil sem fins econômicos, surgida no final da década de 1980, e que tem por intuito atuar no combate ao racismo e às práticas de discriminação, prestar assessorias em "comunidades quilombolas", trabalhar a questão da negritude como uma positividade, entre outros objetivos. Esse mediador é bastante importante parase pensar hoje a identificação de "comunidade quilombola de Capoeiras". De fato, é a partir desse trabalho e da atuação do agenciamento da Kilombo, que se estimula a discussão e a participação de alguns atores sociais em torno da questão étnica/racial e também da mobilização e organização dos grupos em associações. Essas são algumas funções que a entidade desempenha, atuando como uma "entidade de apoio", no sentido de "articulação e manutenção de contatos" com comunidades negras rurais. Ela fez com que dois grupos (Capoeiras e Boa Vista dos Negros) fossem incluídos no circuito de conferências, seminários, palestras, cursos, oficinas sobre temáticas quilombolas e, deste modo, essas duas "comunidades" compuseram na época a Articulação Nacional de Comunidades Negras Rurais Quilombolas (FREIRE, 2012, p. 55).

Em outra região do estado, desta vez nos quilombos do Seridó[12], através do programa "Tronco, ramos e raízes! Patrimônio étnico do Seridó (RN)"[13], é trabalhada a participação dos quilombos que estão em fase de reconhecimento e luta pela territorialidade,

---

[12] O Seridó norte-rio-grandense é composto hoje por 23 municípios: Caicó, Acari, Jardim do Seridó, Serra Negra do Norte, Currais Novos, Florânia, Parelhas, Jucurutu, Jardim de Piranhas, São João do Sabugi, Ouro Branco, Cruzeta, Carnaúba dos Dantas, Cerro Corá, São Vicente, São Fernando, Equador, Santana do Seridó, São José do Seridó, Timbaúba dos Batistas, Lagoa Nova, Ipueira e Tenente Laurentino Cruz (CAVIGNAC; MACÊDO; NASCIMENTO, 2018).
[13] Tronco, Ramos e Raízes! Patrimônio étnico do Seridó " é a continuidade do Programa de Extensão do Departamento de Antropologia da Universidade Federal do Rio Grande do Norte (UFRN) "Estratégias para uma educação patrimonial em comunidades quilombolas do Seridó-RN", desenvolvido em 2012 (CRESS/RN, 2013, on-line).

com pautas direcionada ao resgate histórico, apreensão de valores éticos, valorização da cultura, combate à discriminação racial.

Embora não seja um trabalho que tenha se originado das próprias comunidades quilombolas, é nelas que, como uma simbiose, abeberar-se de informações do estudo empírico e, noutro quadrante, une os quilombos em movimentos estratégicos, através da promoção de ações educacionais, registrando os atos em vídeos, fotografias, documentos. O Guia Cultural Afro do Seridó[14] é um importante documento elaborado pelo programa e as

comunidades quilombolas.

Outra importante ação do Movimento Social Quilombola no Estado do Rio Grande do Norte, que envolve o objeto de estudo do presente livro, é o Encontro de Comunidades Quilombolas do Sertão Cabugi, que acontece periodicamente na Região do Sertão Central do estado, com pautas de fortalecimento dos movimentos, valorização da cultura, luta contra o racismo e por investimentos, bem como pela divulgação de programas de apoios às comunidades (ARAÚJO, 2017).

Participam dos eventos as comunidades quilombolas dos municípios de Afonso Bezerra, Angicos e Pedro Avelino, contando com representantes da Coordenadoria Estadual de Políticas de Promoção da Igualdade Racial (Coeppir), da Coordenação Nacional

---

[14] O guia envolve estudos relacionados a Acari, Parelhas (comunidade quilombola da Boa Vista), Jardim do Seridó e Caicó são os municípios nos quais os integrantes do projeto fizeram pesquisa e onde se tem contatos mais regulares. Ao longo do texto, assinalamos a existência de outras localidades que têm uma contribuição nessa história, como é o caso das comunidades quilombolas dos Negros do Riacho (Currais Novos), de Macambira (Lagoa Nova), Negros do Boinho (Cerro Corá) e as cidades de São João do Sabugi, Ouro Branco, Ipueira, Jardim de Piranhas e Serra Negra do Norte.

de Articulação de Comunidades Negras Rurais Quilombolas (Conaq), do poder legislativo e executivo municipal, bem com o meio acadêmico. O encontro é articulado por meio de uma rede de apoio à organização, reconhecimento e certificação das comunidades quilombolas das cidades de Curralinho em Afonso Bezerra, de Livramento em Angicos[15] e da Aroeira em Pedro Avelino (PREFEITURA MUNICIPAL DE PEDRO AVELINO, 2017).

O II Encontro de Comunidades Quilombolas do Sertão Cabugi, deu-se no município de Pedro Avelino, no Rio Grande do Norte, em 9 de dezembro de 2017, na comunidade Quilombolas de Aroeira, numa programação que ocorreu paralelamente à entrega do título da terra pela Secretaria Estadual de Agricultura e Reforma Agrária (Seara) (PREFEITURA MUNICIPAL DE PEDRO AVELINO, 2017).

No Brasil existem centenas de comunidades negras assim, símbolos de resistência, originárias de escravizados que, unidos, lutam pelo seu reconhecimento como donos da terra que habitam há mais de século, mas lutam, especialmente, por direitos sociais básicos, enquanto movimento social (CONAQ, 2020). Embora de maneira mais tardia e mais tímida do que em alguns estados do norte, como Amazonas e Pará, por exemplo, que deram impulso aos movimentos sociais antes mesmo de que tenha tomado corpo no âmbito nacional como tratado acima, o Rio Grande do Norte, apesar

---

[15] O quarto encontro se deu em 17 de março de 2018 no município de Angicos, na comunidade quilombola de Livramento (ARAÚJO, 2018).

de ter pouco significante presença de comunidades negras no seu território, tem passado a participar dos movimentos sociais de forma mais expressiva.

Importantes movimentos têm se articulado para resgatar os valores étnicos dos quilombos, ao mesmo tempo em que novos movimentos e associações têm surgindo para auxiliar em todo esse processo de luta e afirmação de valores históricos, culturais, religiosos e territoriais.

3.2 QUILOMBOS NO RIO GRANDE DO NORTE: HISTÓRICO, RECONHECIMENTO, DEMARCAÇÕES E FUNDAMENTOS LEGAIS

Para entender a articulação, as reivindicações e lutas dos Movimentos Quilombolas, além de compreender o que é quilombo, é preciso conhecer um pouco do passado, da origem do escravismo no país e no estado. É importante, assim, trazer à lume alguns dados e informações sobre a escravização, considerando diferentes posicionamentos teóricos, que parecem se contrapor, mas que, na verdade, contribuirão para construção do entendimento.

O Rio Grande do Norte não possuía comércio direto com a África e os primeiros negros que aqui chegaram vieram dos mercados de Pernambuco, originários, principalmente, de Angola, Congo e Guiné. Há poucos registros sobre a vida desses escravizados em território potiguar, sabendo-se que eles estavam concentrados em maior número no litoral e trabalhavam nas lavouras de cana. O Engenho Cunhaú[16], o primeiro engenho de açúcar do Rio Grande, pertencia à família Albuquerque Maranhão, o maior da capitania, possuía 15 escravizados no início do século XVII e em 1817 contava com 150 "peças" (MONTEIRO, 2000 citado por MORAIS, 2005, p. 31)

Para Cascudo (1953) nunca o Rio Grande do Norte possuiu vasta "escravaria", pois nunca possuiu um ciclo do açúcar em nível que justificasse o motor negro em presença notável. Todavia, os próprios números trazidos pelo autor denunciam que em 1862 o estado contava com 20.244 escravizados para 111.962 homens livres. São José do Mipibu, que era o império do Açúcar, tinha 9.816 escravizados. No ano de 1882, com o advento do que chama de "ciclo do gado" o estado passou a ter 13.020 escravizados para 233.979 habitantes (CASCUDO, 1953).

Munido de pesquisa que trata da história do Rio Grande do Norte, Valle (2013) traz à baila Cascudo (1995)[17] e Monteiro (2002)[18] para descrever a rota e o aumento da população escrava no estado, a necessidade econômica do seu crescimento e o momento histórico, assim dissertando:

> No Rio Grande do Norte, a presença africana, de 'escravos da Guiné', foi reportada desde a criação da sua primeira sesmaria, em 1600, tal como afirma Cascudo (1995, p. 44). Em sua pesquisa sobre o Rio Grande colonial, Lopes (1999) também

---

[16] O Engenho Cunhaú estava situado na região que hoje constitui o município de Canguaretama/RN (MORAIS,2005).
[17] CASCUDO, Luís Câmara, Histórias do Rio Grande do Norte. Rio de Janeiro. Ministério da Educação eCultura. Serviço de Documentação, 1955.
[18] MONTEIRO, Denise. Introdução à História do Rio Grande do Norte. Natal: EDUFRN, 2002.

informa da presença de escravos negros no engenho Cunhaú em 1637. A bibliografia histórica sobre a formação econômica da capitania reporta o aumento gradativo de população escrava de origem africana desde o século XVII. De fato, o comércio de escravos local dependeu largamente da rota pernambucana do tráfico de negros africanos (CASCUDO, 1955, p. 46; MONTEIRO, 2002, p. 116). Os escravos de origem africanas foram destinados à economia dos engenhos de cana-de-açucar e também às atividades pastoris no sertão. O que Cascudo descreve como o "rush açucareiro" representou um incremento na aquisição de escravos africanos, motivada pela necessidade de mais mão de obra, especialmente em meados do século XIX (VALLE, 2013, p. 85-86).

Um outro fato histórico de relevância no Estado que se refere à política escravista foi a libertação de escravizados 5 anos antes da Lei Áurea, no ano de 1883, na cidade de Mossoró. Não se pode deixar passar que os relatos descrevem que tal feito não parte dos escravizados ou de sua resistência, mas de uma coordenação mais elitista, dos donos de terras, da Sociedade Libertadora Mossoroense[19], da imprensa da época[20] e da maçonaria, embora seja um fato importante que teve influência em outros estados vizinhos para libertação com as mesmas acepções. Rosado (2002), no que chama de "A batalha de 10 de Junho", escreve sobre a libertação de 40 escravizados, o seguinte:

> Libertando 40 escravos, no dia 10 de Junho de 1883, a Libertadora Mossoroense o fazia a quase metade da nossa população escrava, que era de 86,

---

[19] Associação criada em 06 de janeiro de 1883, com fim de libertar os escravisados no município (ROSADO, 2002, p. 20).
[20] Os jornais da época se encarregavam em propagar notícias sobre libertação para incentivar novas medidas em outras cidades e estados vizinhos. O Jornal a "Constituição", no dia 30 de setembro de 1983, publicou um editorial e uma notícia sobre a "Libertação dos Escravos de Mossoró (ROSADO, 2002, p. 126).

> segundo a carta de Joaquim Bezerra da Costa Mendes[21] a João Ramos. Eis como o "Libertador", de 13 de junho, noticia o fato: Libertadora Mossoroense. É com grande desvanecimento, que cumprimentamos hoje a magnânima Sociedade Libertadora Mossoroense! (ROSADO, 2002, p. 57).

A vertente utilizada para narrar a abolição Mossoroense tratada por Rosado (2002), aborda que a libertação nasceu na Loja Maçônica 24 de junho, o que faz parecer, na verdade, ao menos por essa versão, que não houve resistência ou luta dos escravizados para que pudessem eles alcançar tal feito. Tampouco narra existência de tensões significativas que pudessem justificar uma resistência dos então proprietários de escravizados. Sobre a importância do nascimento da abolição, narrou o autor:

> Ao então Prefeito Vingt Rosado, sugerimos, em 1953, que prestasse uma homenagem à Loja Maçônica 24 de Junho, mandando afixar na sua fachada uma placa com os dizeres: "Aqui nasceu a Abolição". A leitura dos documentos conhecidos sobre a Abolição Mossoroense convencera-me da justeza da iniciativa (ROSADO, 2020, p. 15).

Falar em libertação nesses termos, partindo dos donos de escravizados, da inviabilidade para mantê-los ou injustificada carência da sua mão de obra, é fictício, pois não oferta à população negra local a efetiva liberdade almejada. Essa crítica à natureza da luta é também feita à libertação dos escravizados no âmbito nacional, que não desencadeou o que a Lei Áurea imprimia.

---

[21] Presidente primeiro eleito da "Sociedade Libertadora Mossoroense" (ROSADO, 2020, p.18).

A bem da verdade a força de trabalho do escravizado não era mais atrativa ao capitalismo posto, uma vez que congelava o capital do empresário, passando a mão de obra "livre" ser mais vantajosa que a mão de obra escravizada, especialmente onde não tinha franca atividade do ouro, açúcar, algodão, pois decrescia o lucro com a mão-de-obra da população negra, além de que a ausência do consumo escravizado aparecia como empecilho ao desenvolvimento das forças produtivas nacionais (SAFFIOTI, 1976).

Essa população escravizada foi diminuindo com o passar dos anos, dizendo alguns historiadores (CASCUDO, 1953) que muito se deu pela sua desnecessidade na atividade para criação de gado. Como demonstram os números em maio de 1873, Mossoró ainda contava com 7.481 habitantes, dentre os quais 267 eram escravizados (CASCUDO, 1953, p. 116).

Esses estudos não parecem ter sido escritos dentro de pesquisas empíricas, que tenha ouvido qualquer versão do escravizado ou seus descendentes, suas revoltas, suas fugas, suas lutas. Inegavelmente, a versão aludida é romantizada e põe o escravista, muitas vezes num patamar de herói altruísta[22].

Com razão, Cavignac (2003) quando pondera importante crítica ao analisar que no Nordeste, e ainda mais no Rio Grande do

---

[22] Assim foi feito com Francisco Gurgel de Oliveira quando resolveu, na primeira sessão solene da "Sociedade Libertadora Mossoroense" libertar a sua escrava, entregando carta ao presidente da sessão. Relata Rosado (2002). "Em seguida pediu a palavra o consórcio Francisco Gurgel de Oliveira, declarou solenemente, na presença da assembléia geral, que, a testemunhar o regosijo(sic) que lhe despertara a inauguração da Sociedade Libertadora Mossoroense e os sentimentos livre e humanitários de que se achava possuído naquele momento, considerava, daquela data em diante, livre a sua escrava TEREZA, mulata de 32 anos entregando, nesta ocasião, ao Presidente a carta de liberdade, nos seguintes termos" (ROSADO, 2002, p. 21).

Norte, a história foi primeiramente escrita "fora dos contextos acadêmicos" pelas elites locais que tentaram apagar a todo custo as especificidades étnicas ao longo dos séculos, sendo preciso desconfiar da versão proposta pela historiografia tradicional (CAVIGNAC, 2003, p. 5-6).

Para Cavignac (2003) a figura de Luís da Câmara Cascudo, ainda muito presente hoje, parece ter impedido o aparecimento de outras pesquisas, pois o escritor parecia abordar todos os temas, sem, portanto, dedicar-se ao estudo com o rigor esperado na academia, imprimindo duravelmente sua marca, sem realizar, sistematicamente, investigações empíricas. Como principal consequência deixada por essa forma de relatar os fatos relacionados à escravização, tem-se um assunto 'tabu' em nível local, que é a questão étnica (CAVIGNAC, 2003).

Valle (2013) fazendo uma análise acerca da formação dos quilombos traz estudo de autores que teriam constatado que na formação do Rio Grande do Norte não teria resultado em quilombos, mas em outras formas de concentração em pequenas comunidades, como confrarias e irmandades religiosas, aduzindo o seguinte:

> Além das pequenas e fechadas comunidades, os negros poderiam ter se organizado, então, em confrarias-irmandades religiosas (por exemplo, as de Caicó, Jardim do Seridó e Currais Novos). Seriam assim, formas de "contra-aculturativas dos negros" Segundo Melo (1973, p 125) [...]. Para todos esses autores que consolidam um censo comum da formação ética do Rio Grande do Norte,

se houve resistência escrava africana, ela não resultou na formação de quilombos. Essa afirmação foi feita de forma repetida por Medeiros (1988, p. 56- 57) (VALLE, 2013, p. 71).

Assemelha-se o relato dessa passividade da convivência dos negros da época com uma das críticas trazidas por Arruti (2008), de que quilombo não significa escravizado fugido. "Quilombo quer dizer reunião fraterna e livre, solidariedade, convivência, comunhão existencial" (NASCIMENTO, 1980, p. 263 citado por ARRUTI, 2008, p. 8).

É importante que outra perspectiva da história, embora um pouco mais carente de provas, dados e depoimentos, seja narrada, pois da forma como se denotam esses relatos não expõe a versão do escravizado, sequer sua presença como parte que participou da libertação. Muito se assemelha essas narrativas à versão contada sob o prisma de visão do vencedor da guerra, sem que nada que parta do vencido seja referido ou levado em conta.

Fazendo a subsunção da história de lutas abolicionistas às conquistas de direitos humanos, Souza Júnior (2011) esclarece que estes não se confundem com as ideias filosóficas, nem com as instituições que buscam fundamentá-lo, sendo, na verdade, frutos das próprias lutas dentro de um processo histórico. Assim, aduz:

> Por isto se diz que os direitos humanos não se confundem com as declarações que pretendem contê-los, com as idéias filosóficas que se propõem fundamentá-los, com os valores a que eles se referem ou mesmo com as instituições nas quais se busca representá-los. Os direitos humanos são as lutas sociais concretas da experiência de

> humanização. São, em síntese, o ensaio de positivação da liberdade conscientizada e conquistada no processo de criação das sociedades, na trajetória emancipatória do homem. São, na História do Brasil, para particularizar, as lutas abolicionistas, num país já então constitucionalizado, no paradigma de um homem abstrato igual e livre, porém, numa sociedade, todavia escravista, na qual o escravo é, por conseguinte, não-homem, mercadoria sujeita ao uso, fruição e abuso (SOUZA JUNIOR, 2011, p. 148).

Não há aspecto ou prisma de visão do escravismo que, com fidelidade, o enquadre como algo positivo ou romântico para o negro. Tratando do autoritarismo histórico da sociedade brasileira, desde as lutas pela terra a todo o processo discriminatório por ele sofrido no Brasil, Chauí (2014) demonstra a responsabilidade das próprias instituições estatais com as mortes de milhões de pessoas entre negros, pobres e índios. Assim, bem aponta a autora:

> As disputas pela posse da terra cultivada ou cultivável são resolvidas pelas armas e pelos assassinatos clandestinos. As desigualdades econômicas atingem a proporção do genocídio (alguns jornais chegam a prever a morte de mais de cinco milhões de pessoas no Nordeste, vítimas da desnutrição e da fome absoluta). Os negros são considerados infantis, ignorantes, raça inferior e perigosos, representados pela cultura letrada branca na imagem do Arlequim, e assim definidos numa inscrição gravada na Escola de Polícia de São Paulo: Um negro parado é suspeito; correndo, é culpado". Os índios, em fase final de extermínio, são considerados irresponsáveis (isto é, incapazes de cidadania), preguiçosos (isto é, mal adaptáveis ao mercado de trabalho capitalista) e perigoso, devendo ser exterminados ou, então, "civilizados" (isto é, entregues à sonhado mercado de compra

e venda da mão de obra, mas sem garantias trabalhistas porque "irresponsáveis") (CHAUÍ, 2014, p. 264).

É perceptível que, em razão de reflexos das práticas do período colonial, que tendem a persistir, os negros e as comunidades quilombolas passaram e ainda passam por permanente processo discriminatório e que tornam exponenciais as dificuldades quando equacionados com os demais entraves de aquisição de direitos sociais básicos, fundamentais na vida do cidadão.

A opressão sofrida pelo negro quilombola muito decorre da forma como se deu a libertação e o seu processo de ingresso social após a abolição do escravismo e até da sua divulgação.

É importante observar que para negros a Lei Áurea não teve um fim prático desejado, pois sequer os elevou à condição de sujeitos de direitos, tendo continuado a sofrer com a opressão, desta feita social. Essas razões das consequências do colonialismo que assolam os negros até os dias atuais são bem relatadas por Fernandes (2017), quando escreve:

> Os negros são testemunhos vivos da persistência de um colonialismo destrutivo, disfarçado com habilidade e soterrado por uma opressão inacreditável. O mesmo ocorre com o indígena, com os párias da terra e com os trabalhadores semi-livres superexplorados das cidades. Por que o negro? Porque ele sofreu todas as humilhações e frustrações da escravidão, de uma abolição feita como uma revolução do branco para o branco e dos ressentimentos que teve de acumular, vegetando das cidades e tentando ser gente, isto é cidadão comum (FERNANDES, 2017, p. 22-23).

Essa presença marcante do "colonialismo" no sistema posto é o que Santos (2007) chama de "regresso do colonizador", que implica no renascimento de formas de governo colonial tanto nas sociedades metropolitanas, como naquelas anteriormente sujeitas ao colonialismo europeu, assemelhando-se a uma forma de governo indireto, que emerge das situações em que o Estado não cumpre a sua função social, deixando a cargo do poder privado, o que tem como consequência, sempre, o prejuízo da parte mais fraca em favor dos mais fortes.

Para os quilombos e os quilombolas, as marcas do escravismo são acesas pelas práticas coloniais, que não deixam se apagarem mesmo depois de tanto tempo, tendo ligação direta com todo retrocesso social que historicamente os assolam. Pela forma como a população negra permanece sendo discriminada, já se percebe um diagnóstico de como se deu o período de escravização.

Hoje, o processo de reconhecimento como quilombo é de responsabilidade do Estado, que tem o dever constitucional de garantir, também, o acesso às políticas públicas por parte dessas comunidades. Como política intermediada pelo INCRA, atuam no campo em busca de grupos que preencham as características do perfil desejado, sendo estratégia comum atingir as populações que têm pouco acesso às políticas públicas, como minorias étnicas e populações em extrema pobreza (INCRA, 2020, on-line).

Nunca foi especialidade do legislador ou do poder executivo, conceituar sobre o que quer que seja, exatamente porque o conceito feito pela norma se torna engessado e estático, o que não se percebe com a doutrina ou a ciência, que são dinâmicas. Todavia, já munido dos conceitos epigrafados, considerando que a norma também disciplina esse processo de concessão do título de terras, aduzindo onde devem se encaixar as comunidades que terão o seu processo deferido; é importante trazer o texto do artigo 2º do Decreto 4.887, de 20 de novembro de 2003, onde é descrito quem se considera, pelo menos para os aspectos normativos, "remanescentes das comunidades dos quilombos". Assim, dispõe:

> Decreto 4.887, de 20 de novembro de 2003. Art. 2º: Consideram-se remanescentes das comunidades dos quilombos, para os fins deste Decreto, os grupos étnico-raciais, segundo critérios de auto-atribuição, com trajetória histórica própria, dotados de relações territoriais específicas, com presunção de ancestralidade negra relacionada com a resistência à opressão histórica sofrida (BRASIL, 2003, on-line).

Como prevê o decreto, passou a ser regulamentado[23] e conduzido pelo INCRA o procedimento para identificação, reconhecimento, delimitação, demarcação e titulação das terras pelos quilombolas ocupadas.

A constitucionalidade do referido dispositivo normativo foi questionada pelo então Partido da Frente Liberal (PFL), que ajuizou Ação Direta de Inconstitucionalidade (Vide ADIN nº 3.239), no intuito de evitar a aplicação da norma. A ADIN nº 3.239 foi julgada

---

[23] Instrução Normativa, nº 56 de 07 de outubro de 2009- Regulamenta o procedimento para identificação, reconhecimento, delimitação, delimitação, demarcação, desintrusão, titulação e registro das terras ocupadas por remanescentes das comunidades dos quilombos de que tratam o Art. 68 do Ato das Disposições Constitucionais Transitórias da Constituição Federal de 1988 e o Decreto no 4.887, de 20 de novembro de 2003 (INCRA, 2009, on-line).

improcedente, tendo o acórdão sido proferido com o seguinte dispositivo, publicado em 01 defevereiro de 2019:

> [...] "Preliminarmente, o Tribunal, por maioria, conheceu da ação direta, vencidos os Ministros Marco Aurélio e Ricardo Lewandowski. No mérito, o Tribunal, por maioria e nos termos do voto da Ministra Rosa Weber, que redigirá o acórdão, julgou improcedentes os pedidos, vencidos o Ministro Cezar Peluso (Relator), e, em parte, os Ministros Dias Toffoli e Gilmar Mendes. Votaram, no mérito, os Ministros Marco Aurélio e Ricardo Lewandowski. Não votou o Ministro Alexandre de Moraes, por suceder o Ministro Teori Zavascki, que sucedera o Ministro Cezar Peluso. Presidiu o julgamento a Ministra Cármen Lúcia.
> - Plenário, 8.2.2018.
> - Acórdão, DJ 01.02.2019.
> Data de Publicação da Decisão Final. Acórdão, DJ 01.02.2019" Vide ADIN nº 3.239 (STF, 2019, on-line).

A norma de cunho constitucional que embasou tal decreto foi o art. 68 dos Atos e Dispositivos Constitucionais Transitório (ADCT), onde encontra-se o seguinte texto.: "Aos remanescentes das comunidades dos quilombos que estejam ocupando suas terras é reconhecida a propriedade definitiva, devendo o Estado emitir-lhes os títulos respectivos".

Coligado com o Decreto 4.887 de 2003, que veio posteriormente discipliná-lo, esse texto foi uma grande conquista para as comunidades quilombolas de todo Brasil, bastando que haja o autorreconhecimento para ser dado o impulso inicial ao processo de titulação e reconhecimento de suas terras.

É importante asseverar que as conquistas impressas nessas

normas vigentes após a constituinte também decorreram das duras lutas e manifestos acima narrados, que emanaram do movimento negro e do movimento social quilombola.

A Convenção nº 169 da Organização Internacional do Trabalho sobre Povos Indígenas e Tribais, promulgada no Brasil pelo Decreto nº 5.051 de 19 de abril de 2004, é que fundamenta o autorreconhecimento, valorizando as aspirações, identidades, forma de vida e desenvolvimento econômico (BRASIL, 2004, on-line).

Outro importante dispositivo normativo, que também faz parte da regulamentação do art. 68 das ADCT, decorreu do Decreto no 6.040, de 07 de fevereiro de 2007, quando foi instituída a Política Nacional de Desenvolvimento Sustentável dos Povos e Comunidades Tradicionais (PNPCT), que definiu povos e comunidades tradicionais, territórios tradicionais e desenvolvimento sustentável. Assim, preceitua o artigo 3º decreto:

> Decreto no 6.040, de 07 de fevereiro de 2007.
> Art. 3º. Para os fins deste Decreto e do seu Anexo compreende-se por:
> I - Povos e Comunidades Tradicionais: grupos culturalmente diferenciados e que se reconhecem como tais, que possuem formas próprias de organização social, que ocupam e usam territórios e recursos naturais como condição para sua reprodução cultural, social, religiosa, ancestral e econômica, utilizando conhecimentos, inovações e práticas gerados e transmitidos pela tradição;
> II - Territórios Tradicionais: os espaços necessários a reprodução cultural, social e econômica dos povos e comunidades tradicionais, sejam eles utilizados de forma permanente ou temporária, observado, no que diz respeito aos povos indígenas e quilombolas, respectivamente, o que dispõem os

> arts. 231 da Constituição e 68 do Ato das Disposições Constitucionais Transitórias e demais regulamentações; e
> III - Desenvolvimento Sustentável: o uso equilibrado dos recursos naturais, voltado para a melhoria da qualidade de vida da presente geração, garantindo as mesmas possibilidades para as gerações futuras.

Tem-se como importante marco teórico, também, as alterações normativas da Carta Magna de 1988 e, posteriormente, importantes conquistas com as Emendas Constitucionais 42 de 2003 e 48 do ano de 2005, que alteraram os artigos 215 e 216 da Constituição Federal. Tais conquistas são objetos de lutas, não sendo o recuo uma opção.

Enquanto a legislação da época colonial se encarregava em dizer em que consistiam os quilombos tratando de criminalizar tudo que a eles estivesse ligado, a Constituição Federal de 1988, já no seu texto originário, na parte que trata da cultura, traz legal proteção, nos artigos 215 e 216, a relevantíssimos direitos como a manifestações das culturas populares, datas comemorativas de alta significação, a valorização da diversidade étnica e regional, o patrimônio cultural, a identidade, a ação, a memória, as obras, objetos, documentos, edificações, dentre outros.

Todavia, esse não foi o caminho da Constituição do Estado do Rio Grande do Norte. No documento normativo já se percebe que não há uma eficiente recepção dessa causa por parte dos poderes constituídos, pois, diferente de outros estados da federação, não fez constar no texto qualquer artigo que conferisse direitos aos quilombolas[24].

Por situações como essa, que representam um atraso nas discussões étnicas e raciais do Estado, é que Cavignac (2003) fez contundentes críticas ao debate étnico realizado no Estado do Rio Grande do Norte, não se podendo negar, todavia, que ao tempo em que a autora fez essas constatações acerca do "despertar étnico", muitas comunidades potiguares, que não se mobilizavam na busca de direitos e afirmações, passaram a buscar seus direitos territoriais, criar associações e a lutar por direitos sociais. Assim, expõe a autora:

> No Rio Grande do Norte, o debate não tem a mesma intensidade, pois o despertar étnico é ainda tímido e pouco visível: mais do que reivindicações étnicas, percebemos, ao longo da história como nas nossas primeiras observações em campo, estratégias necessárias à sobrevivência individual, como o esquecimento das origens, a negação de uma diferença étnica, o apagamento de uma história ainda sensível. No nosso caso, constatamos que as consciências individuais só puderam acordar com o início do novo milênio e que ainda tem bastante caminho para percorrer até que possamos falar de uma emergência étnica em terras potiguares. Aqui a visibilidade das "populações emergentes" é limitada; raros são os grupos que reivindicam o pertencimento a um grupo étnico e pedem a delimitação de um território próprio, mesmo no caso dos afro- descendentes. Essa tomada de consciência e o movimento político a ela ligado não eclodem com força no estado; as razões, segundo nossas análises, são antes de tudo ideológicas. Como reflexo, no plano acadêmico, a questão étnica não é discutida ou, quando projetada

---

[24] Os estados da federação que trazem em suas constituições artigos sobre os direitos territoriais quilombolas são Maranhão (Art. 229), Bahia (Art.51ADCT), Goiás (Art. 33 ADCT), Pará (Art. 322) e Mato Grosso (Art. 16 ADCT) (SOUZA, 2008, p. 118).

> na esfera pública, é altamente polêmica e conflituosa – a desconfiança e a retenção das informações por parte de certos estudiosos é uma das conseqüências mais flagrante (CAVIGNAC, 2003, p. 51).

A discussão da questão étnica no estado é fundamental, não só para as próprias comunidades, mas para o conhecimento científico, para o estudo acadêmico. Fazer essa relação, por mais espinhoso que seja o caminho, deve ser um importante objetivo para a academia e, maiormente, para as comunidades, que precisam se encontrar enquanto grupo reunido por questões identitárias e que poderão ter, quando estudadas, uma fonte contributiva para essas questões e para a sua autodefinição. Essa participação efetiva precisa ser encampada no território potiguar.

Mesmo depois de muitos anos de ligação do grupo à terra, o processo de reconhecimento e demarcação até a titulação é um processo penoso, duradouro. São importantes fases constantes do procedimento, que merecem ser conhecidas, não simplesmente pelo aspecto da desapropriação ou concessão do título, mas entendida como uma questão étnica ligada diretamente à identidade que une aqueles sujeitos individuais em grupo.

Para Arruti (2008) a titulação deve ser efetuada em nome da entidade que representa a comunidade, incorporando perspectivas comuns, coletivas, não incluindo apenas o espaço físico diretamente ocupado, mas vendo o território como lugar onde se tem depositado suas tradições, seus costumes, ou como recinto onde podem encontrar os recursos ambientais que necessitam à sua manutenção e às memórias históricas que permitam perpetuar (ARRUTI, 2008).

O território no qual estão arraigados os quilombolas não é simplesmente o espaço geográfico, um espaço físico. Vai além. Ele representa raízes dos povos relacionado a esse território.

Contudo, é importante levar em conta que, por décadas, os quilombos foram marginalizados e que para os ancestrais dos atuais quilombolas, negar essa condição de escravizado ou de descendente destes era questão de sobrevivência. Não é simples esse processo de redefinição para tratar o quilombo como algo positivo. Mas atrelá-lo a direitos, lutas, contribui significativamente para esse reconhecimento identitário e para autodefinição que dá impulso inicial ao processo de titulação.

Nessa linha, Almeida (2011) faz importantes ponderações acerca desse obstáculo para o reconhecimento e mobilização identitária, levando em conta informações históricas, dissertando no seguinte sentido:

> Ora, os camponeses (ascendência escrava, seja africana ou indígena) foram "treinados" para lidar com antagonistas hostis, ou seja, para negar a existência do quilombo que ilegitimaria a posse, que ilegalizaria suas pretensões de direito (dominação jurídica de fora para dentro dos grupos sociais). Admitir a condição de quilombola equivalia ao risco de ser posto à margem da lei e ao alcance dos instrumentos repressivos. Daí as narrativas míticas e os processos diferenciados de territorialização referidos às denominadas: terras de preto, terras de herança, terras de santo, terras de santa, terras de índio, bem como às doações, concessões e aquisições de terras. Cada grupo tem sua própria história, legitimando sua condição, e construiu sua identidade coletiva a partir dela.

> Existe, pois, uma atualidade dos quilombos deslocada de seu campo de significação "original", isto é, da matriz colonial. Quilombo se mescla com conflito direto, com confronto, com emergência de identidade para quem enquanto escravo é "coisa" e não tem identidade, "não é". O quilombo como possibilidade de ser, constitui numa forma mais que simbólica de negar o sistema escravista. É um ritual de passagem para a cidadania, para que se possa usufruir das liberdades civis. Aqui começa o exercício de redefinir a sematologia, de repor o significado, mantido sob glaciação ou frigorificado no senso comum erudito. A análise crítica, conjugada com as mobilizações identitárias, se contrapõe a esta glaciação, que consiste num obstáculo ao caráter dinâmico dos significados, e chama a atenção para as novas possibilidades de definição de quilombo (ALMEIDA, 2011, 43-44).

A Fundação Cultural Palmares, atrelada ao Ministério da Cultura (agora Secretaria da Cultura), desempenha importante papel nessa conscientização das comunidades quilombolas,
desde a elaboração da certidão de autorreconhecimento até a fase posterior à conclusão do processo de titulação de suas terras ocupadas há mais de século.

A instituição governamental ligada à Secretaria de Cultura tem relevante papel condutor, mas é a cargo da própria comunidade que fica a responsabilidade de lutar pela aquisição dos diretos sociais, comprovar a qualidade de quilombola e a sua relação histórica com o território reivindicado (PALMARES FUNDAÇÃO CULTURAL, 2020, on-line).

O'Dwyer (2002) chama a atenção para as lutas dos movimentos negros e quilombolas para alcançar a demarcação e a afirmação identitária de limites das comunidades, mesmo após a vigência da Constituição de 1988 e do art. 68 do ADCT, narrando a influência de tais movimentos nas diretrizes tomadas pela Fundação Cultural Palmares e INCRA, bem como no trabalho desenvolvido pelos antropólogos na época. Antes mesmo do advento do decreto que regulamentou o artigo constitucional, escreveu a autora:

> Para refletir sobre essas questões em que a demarcação de limites e a construção de uma identidade originária dos quilombos tornam-se uma referência atualizada, focalizaremos situações etnográficas em que diferentes grupos se mobilizam e orientam suas ações pela aplicação do art. 68 do ADCT. A participação dos antropólogos nesse processo, por meio da elaboração dos relatórios de identificação, deu-se numa conjuntura de pressão do movimento negro, com a criação de mecanismos de representação, como a Comissão Nacional Provisória de Articulação das Comunidades Negras Rurais Quilombolas (CNACNRQ – 1996), que passaram a exigir dos órgãos governamentais a aplicação do preceito constitucional. Os debates foram travados inclusive na esfera do Legislativo, com a formulação de anteprojetos de lei visando regulamentar a aplicação do artigo. Agências governamentais como a Fundação Cultural Palmares, do Ministério da Cultura, e o Incra criaram suas próprias diretrizes e procedimentos para o reconhecimento territorial das chamadas comunidades rurais quilombolas (O'DWYER, 2002, p. 17).

Existe um aspecto normativo presente no reconhecimento e demarcação territorial das comunidades quilombolas que levam em conta marcos físicos da área territorial. Porém, tanto para fixação dessa demarcação, como para reconhecer como grupo, o aspecto da etnicidade vai além dessa fronteira física, percebendo uma fronteira ética entre membros pertencentes e não pertencentes ao grupo.

Tratando da noção de fronteira étnica elaborada por Fredrik Barth (a ethnic boundary), bem explicam Poutignat e Streiff-Fenart (1998), quando assim escrevem:

> Num primeiro nível, ela volta a sublinhar que a pertença étnica não pode ser determinada senão em relação a uma linha de demarcação entre os membros e os não-membros. Para que a noção de grupo étnico tenha um sentido, é preciso que os atores possam se dar conta das fronteiras que marcam o sistema social ao qual acham que pertencem e para além dos quais eles identificam outros implicados em um outro sistema social. Melhor dizendo, as identidades étnicas só se mobilizam com referência a uma alteridade e a etinicidade implica sempre a organização de agrupamentos dicotômicos Nós-Eles (POUTIGNAT, STREIFF-FENART, 1998, p.152).

Em uma definição mais legalista do termo, considerando preceitos dos artigos 215 e 216 da Constituição Federal, do art. 68 das ADCT, da Convenção nº 169 da Organização Internacional do Trabalho, do Decreto no 6.040, de 07 de fevereiro de 2007, o INCRA reconhece território como sendo caracterização legal que abrange não só a chamada ocupação efetiva atual, mas também o universo das características culturais, ideológicas, valores e práticas dessas comunidades (INCRA, 2017, on-line).

Para o Instituto Nacional de Colonização e Reforma Agrária o território se constitui a partir de uma porção específica de terra acrescida da configuração sociológica, geográfica e histórica que os membros da comunidade construíram ao longo do tempo, em sua vivência sobre a mesma (INCRA, 2017, on-line).

O dispositivo normativo que trata do reconhecimento e demarcação é o já citado o Decreto 4.887, de 20 de novembro de 2003, que atribui competência ao Ministério do Desenvolvimento Agrário, por meio do Instituto Nacional de Colonização e Reforma Agrária– INCRA e à Secretaria da Cultura, por meio da Fundação Cultural Palmares, assistir e acompanhar, prestar assistência jurídica[25].

Tais normas que tratam do reconhecimento e da demarcação também são objeto de conquistas emanadas de lutas étnico-raciais, partidas de movimentos sociais articulados com pautas próprias, como o Novo Movimento Social Quilombola.

A questão envolve o passado e o presente, não sendo apenas por titulação, mas por direitos sociais básicos como problemas atuais (educação, saúde, moradia, água, transporte), e por problemas historicamente não resolvidos, como direito à terra de seus antepassados, sendo, pois, a questão da titulação uma forma de ligação com o passado e condição essencial no processo de garantia desses direitos presentes (SILVA, 2010).

No Estado do Rio Grande do Norte existem hoje 33 comunidades remanescentes de quilombos (CRQs) certificadas pela Fundação Cultural Palmares (FCP), com dados atualizados da última publicação da Portaria nº 36/2020, publicada no Diário

---

[25] Vide art. 3º, 5º, 7º, 16º e 21º do Decreto 4.887, de 20 de novembro de 2003.

Oficial da Uniãode 21/02/2020.

Fonte: Palmares Fundação Cultural (2020).

Existe, todavia, uma diferenciação entre o número de certificações da fundação Palmares e dos processos abertos junto ao INCRA, o qual tem a seguinte relação atualizada, de acordo com municípios, ano de abertura e com as respectivas comunidades:

UF/SR	Nº De Ordem	Nº Processo	Comunidade	Município	Ano de Abertura
RIO GRANDE DO NORTE 19	1	54330.001762/2004-52	Boa Vista dos Negros	Parelhas	2004
	2	54330.001908/2004-60	Acauã	Poço Branco	2004
	3	54330.002161/2004-67	Capoeira	Macaíba	2004
	4	54330.002162/2004-10	Jatobá	Patu	2004
	5	54330.000253/2005-93	Sibaúma	Tibau do Sul	2005
	6	54330.000697/2006-18	Aroeiras	Pedro Avelino	2006
	7	54330.000698/2006-54	Macambira	Lagoa Nova	2006
	8	54330.000171/2010-14	Sítio Grossos	Bom Jesus	2010
	9	54330.000220/2010-19	Nova Descoberta	Jetimo Marinho	2010
	10	54330.000221/2010-55	Sítio Pavilhão	Bom Jesus	2010
	11	54330.000942/2011-46	Picadas	Ipanguaçu	2011
	12	54330.000943/2011-91	Bela Vista Piató	Assú	2011
	13	54330.000944/2011-35	Sítio Pega	Portalegre	2011
	14	54330.000945/2011-80	Sítio Mata Verde	Parnamirim	2011
	15	54330.000946/2011-24	Sítio Sobrado	Portalegre	2011
	16	54330.000947/2011-79	Sítio Arrojado	Portalegre	2011
	17	54330.000948/2011-13	Sítio Lajes	Portalegre	2011
	18	54330.000226/2012-40	Gameleira de Baixo	São Tomé	2012
	19	54330.000431/2014-77	Geral	Touros	2014
	20	54330.000682/2014-51	Negros do Riacho	Currais Novos	2014

Fonte: Instituto Nacional de Colonização e Reforma Agrária (2020).

A situação processual de alguns quilombos do estado, dentre os quais encontra-se o processo da Aroeira, aparece em outro quadro, expondo a situação da comunidade ora estudada com a movimentação de "portaria publicada no Diário Oficial da União". Eis-lo:

SR	Comunidade	Município	Área_ha	Número de Famílias	Etapa
RIO GRANDE DO NORTE 19	Jatobá	Patu	219,1934	18	TITULAÇÃO PARCIAL
	Acauã	Poço Branco	540,5138	47	TITULAÇÃO
	Boa Vista dos Negros	Parelhas	445,2676	36	CDRU
	Capoeiras	Macaíba	906,7744	232	DECRETO
	Macambira	Lagoa Nova, Santana do Matos e Bodó	2.589,1695	263	DECRETO
	Sítio Pavilhão	Bom Jesus	52,1668	23	PORTARIA
	Aroeiras	Pedro Avelino	530,8024	37	PORTARIA
	Nova Descoberta	Ielmo Marinho	448,9959	103	RTID

Fonte: Instituto Nacional de Colonização e Reforma Agrária (2020).

Os processos para reconhecimento, demarcação do território e concessão dos títulos de terra são morosos por uma série de fatores. As mudanças das políticas adotadas pelos governos, a necessidade de análise e elaboração de relatórios de várias instituições[26], os pareceres das mais variadas áreas de estudo, a resistência para desapropriação das terras[27], dentre outros, atrasam a

---

[26] Decreto 4.887 de 2003, Art. 8o Após os trabalhos de identificação e delimitação, o INCRA remeterá o relatório técnico aos órgãos e entidades abaixo relacionados, para, no prazo comum de trinta dias, opinar sobre as matérias de suas respectivas competências:- Instituto do Patrimônio Histórico e Nacional - IPHAN; Instituto Brasileiro do Meio Ambiente e dos Recursos Naturais Renováveis - IBAMA; III - Secretaria do Patrimônio da União, do Ministério do Planejamento, Orçamento e Gestão; IV - Fundação Nacional do Índio - FUNAI; V - Secretaria Executiva do Conselho de Defesa Nacional; VI - Fundação Cultural Palmares.
[27] A garantia dos direitos dos quilombolas, assim como as políticas de promoção da igualdade racial de uma forma mais ampla, está colocada no centro de uma disputa ideológica hoje desenhada em nossa sociedade. As contestações à demarcação de terras quilombolas feitos na justiça, as reações dos setores mais conservadores através da imprensa e o recrudescimento da violência no campo são a prova disso.

conclusão do processo tocado pelo INCRA e acompanhado pela FCP.

Oliveira e Pereira (2019) trazem importante crítica ao andamento processual e aponta razões sobre o prisma de visão de um entrevistado em sua pesquisa, em entrevista realizadaem março de 2018, na sede do Incra em Natal-RN, tratando das dificuldades em campo, andamento da elaboração dos Relatórios Técnicos de Identificação e Delimitação (RTID's), perda de documentos e de registros históricos da formação dos territórios, além da versão desencontrada pelos membros da comunidades (OLIVEIRA; PEREIRA, 2019). Assim discorre o entrevistado, membro do Incra:

> O problema não reside somente no fato de não ter relatório antropológico feito, pois, muitas comunidades têm relatório e não têm processos caminhando. Mas aqui no Rio Grande do Norte, todas que têm relatório estão com processo encaminhado. Os recursos destinados para regularização quilombola, hoje, deve totalizar em torno de 24 mil reais para o ano inteiro, inviabilizando um pouco cobrir todo o estado. Mas o pior problema é que tem setores dentro do Incra que não introjetaram a política quilombola como sua atribuição legítima. Além disso, as organizações associativas das comunidades ainda se apresentam muito fragmentadas, e não há uma agenda conjunta com demandas comuns (Entrevista realizada em março de 2018 no Incra, Natal – RN) (OLIVEIRA, PEREIRA, 2019, p. 161).

Um dos gargalos dos processos de titulação dos territórios

(PROGRAMA BRASIL QUILOMBOLA, Comunidades Quilombolas Brasileiras Regularização Fundiária e Políticas Públicas, consulta 10 de março de 2020).

quilombolas, considerado por Arruti (2008) é o dilema da relação entre o discurso antropológico e o discurso jurídico, já que a antropologia oferece um caso em meio à diversidade e o direito insta capturá-lo como modelo sobre o qual o seu modo normatizador deve operar, como "um jogo de fuga e captura" entre o fato social e a norma, o que põe os discursos antropológico, jurídico e político em permanentes mudanças e reapropriações (ARRUTI, 2008).

Uma das divergências dessa chamada "fuga e captura" entre o que almeja o jurista e o antropólogo pode ser constatado já na utilização da expressão "comunidade remanescente de quilombo", presente na norma constitucional, que mais parece tratar de algo que já estivessem em processo de extinção e apenas permanecessem resquícios, não mais os próprios quilombos ou quilombolas.

A expressão "remanescente" remete à ideia de cultura como algo fixo, fossilizado e em fase de desaparecimento, assim como a de "quilombo" como unidade fechada, igualitária e coesa, que se tornou extremamente restritiva (LEITE, 2000).

O termo "remanescente" também introduz um diferencial importante com relação ao outro uso do termo "quilombo" presente na Constituição brasileira de 1988, pondo em jogo não mais as "reminiscências" de antigos quilombos, mas, especialmente, questões atuais, que parecem não entrar no debate (ARRUTI, 2008).

Ainda da mesma frase, a expressão "comunidades", retrata mais organizações sociais, grupos de pessoas que "estejam ocupando suas terras", do que os grupos de resistência, que estejam organizados politicamente para garantir esses direitos, o que efetivamente se percebe em quilombos (ARRUTI, 2008).

No próprio ato que dá impulso ao processo de reconhecimento, demarcação e titulação, as comunidades, mesmo que não se vejam como apenas "remanescentes", ou assim não sejam vistas pela Fundação Cultural Palmares, precisam subscrever que assim se identificam[28], pois a Lei atribuiu essa nomenclatura e a ela, pelo menos nesse aspecto processual, estão os participantes adstritos, seja parte interessada ou condutores.

Pelos aspectos práticos nesse processo de demarcação e reconhecimento esse é um dos menores percalços, mas que precisa ser enfrentado, não só pelos quilombos do Rio Grande do Norte, como de todo país. A burocracia, todavia, e as tensões a essa luta quilombola, são objeto de preocupação e enfrentamento dos quilombos nacionais.

3.3 O QUILOMBO AROEIRA NO MUNICÍPIO DE PEDRO AVELINO/RN

Na zona rural do município de Pedro Avelino, semi-árido da Região Central do Estado do Rio Grande do Norte, no quilombo chamado Aroeira, a 153 Km de Natal e 156 km de Mossoró, se declararam reunidos há mais de 130 anos e ligados ao território que ocupam, pessoas que vêm lutando como grupo para que tenham o seu direito reconhecido enquanto quilombolas, bem como por direitos sociais e atinentes à cidadania, requerendo as subsequentes desapropriações de terras, para que a eles seja dado o título de

---

[28] No próximo item acosta-se a certidão.

verdadeiros e originários proprietários.

O nome Aroeira é derivado da planta nativa, chamada cientificamente de (Myracrodruon urundeuva), também conhecida por urundeúva, aroeira do sertão, aroeira do campo, aroeira da serra, urindeúva, arindeúva, arendeúva. Distribuída na caatinga do nordeste, cerrados e cerradões, a sua madeira é pesada e tem casca que produz chá de efeitos medicinais[29].

Os primeiros moradores de Pedro Avelino foram os irmãos portugueses: Diogo, Gaspar, Jacinto e Félix Lopes dos Reis, chegando, posteriormente, no então povoado, outras famílias atraídas por reservatórios naturais responsáveis pela fertilidade da terra. São essas famílias originárias, a Câmara, Inácio da Costa, Batista, Leocádio, Bezerra, Xavier de Meneses, Pereira Pinto, Ferreira, Medeiros e Araújo (IBGE, 2010, online).

Nominada primeiramente de Gaspar Lopes, em razão do rio que fazia fecundo o território do lugar, em 24-12-1921, passou a chamar-se de Epitácio Pessoa, ainda pertencente ao município de Angicos, sendo elevado, em 1938, pelo Decreto Lei nº 603, à qualidade de distrito (IBGE, 2010, on-line).

Em 23 de dezembro de 1948 o distrito foi elevado à categoria de município com a denominação de Pedro Avelino, pela Lei Estadual nº 146 de 23 de dezembro de 1948, desmembrando-se de Angicos, sendo oficialmente instalado em 01 de janeiro do ano de 1949 (IBGE, 2010, on-line).

---

[29] Ver mais em: http://www.cnip.org.br/PFNMs/aroeira.html.

Localizado na Região do Sertão Central do Estado do Rio Grande do Norte, o município possui vasta área territorial com 952,754 km, e a cidade possui uma população de 7.171 (sete mil cento e setenta e uma) pessoas, tendo menos de metade da população com esgotamento sanitário adequado (IBGE, 2010, on-line). A população em 2019 estimava-se em 6.716 (seis mil setecentos e dezesseis) pessoas.

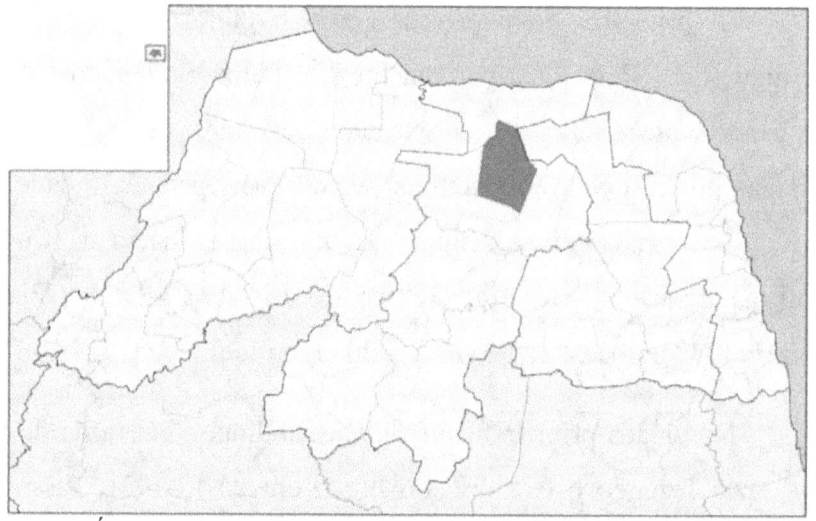

Área Município de Pedro Avelino destacada em vermelho
Fonte: Wikipedia (2020).

Na extensa zona rural do município, que está como 1483º maior no país e 8º maior no estado em extensão territorial (IBGE, 2019, online), podem ser encontradas várias comunidades[30], sendo o quilombo da Aroeira objeto do presente estudo em razão da sua origem, etnia, suas peculiaridades enquanto quilombo.

---

[30] Compõem a zona rural do Município as comunidades de Bom Jesus, Nova Esperança, Santa Luiza, Nova Conquista, Comunidade do Pé da Serra, Arábia, Trangola, Santa Fé, Guanaba, Rio do Feijão, além de Aroeira.

Com o Índice de Desenvolvimento Humano (IDH) de 0,583 tem uma incidência da pobreza avaliada em 55,82, quando o limite superior é de 67,97 e o limite inferior de 47,27 (IBGE, 2010, on-line).

De acordo com o último censo, o município possuía 1.306 famílias residindo em área urbana e 890 famílias vivendo na zona rural, dentre as quais as 37 (trinta e sete) famílias são da Aroeira (IBGE, 2010, on-line).

Além do comércio, a pecuária é uma forte atividade no município, que tem rebanho efetivo contados em cabeças os seguintes números: criação de bovino - 4.579 cabeças; caprino - 24.993; ovino - 25.741; equino - 341; galináceo - 104.731; suíno - 785 cabeças (IBGE, 2018, on-line).

A agricultura, em anos chuvosos, ocupa uma área, em hectares, de 63.058 ha e a atividade é desenvolvida por 151 produtores de cor branca, 56 de cor preta e 180 declarados pardos (IBGE, 2018, on-line).

Sendo a chuva essencial para agricultura do município, apenas 6 lavouras permanentes foram registradas, sendo 350 delas temporárias, dependentes das chuvas, na forma dos dados colhidos entre os anos de 2016 e 2017. Dentro do período de referência, 01/10/2016 a 30/09/2017, colheram os agricultores locais 14 toneladas de feijão fradinho e 21 toneladas de feijão verde.

Em 2017 o salário médio mensal do município era de 1.7 salários mínimos e os domicílios com rendimentos mensais de até meio salário mínimo por pessoa, compunham 49.4% da população nessas condições, o que colocava o Pedro Avelino na posição 92ª entreos 167 do estado (IBGE, 2017, on-line).

Pedro Avelino delimita-se com os municípios de Macau, Guamaré, Jandaíra, Lajes, Angicos e Afonso Bezerra, sendo seus acessos principais, a partir de Natal, através das rodovias pavimentadas BR-304 e RN-104 (BELTRÃO *et al.*, 2005).

Pedro Avelino hoje é um pólo promissor de energia eólica, já com projetos, parques e financiamentos aprovados pelo Banco Nacional do Desenvolvimento (BNDES). Trata-se de um projeto em que alcança os municípios de Pedro Avelino, Jandaíra, Lajes, com parques construídos em janeiro de 2021, com previsão para as operações comerciais iniciadas ao longo de 2022, com criação de aproximadamente 500 empregos diretos e 200 indiretos já durante a fase de construção (BNDES, 2020, on-line).

Parte do projeto dos parques eólicos de Pedro Avelino, que alcançam a zona rural do município, passa pelo território do Quilombo Aroeira e, por essa razão, na forma da Instrução Normativa nº 1, de 31 de outubro de 2018[31], foi preciso que fossem realizadas na comunidade algumas medidas mitigadoras dos possíveis impactos que o projeto de linhas de transmissão pudesse ter sobre o meio ambiente do território e o próprio quilombo.

Com uma área territorial de 530,8024 ha (quinhentos e trinta

---

[31] Estabelece procedimentos administrativos a serem observados pela Fundação Cultural Palmares nos processos de licenciamento ambiental de obras, atividades ou empreendimentos que impactem comunidades quilombolas. Diário Oficial da União. Publicado em: 09/11/2018 | Edição: 216 | Seção: 1, p. 61.

hectares, oitenta centiares e vinte e quatro ares) o quilombo tem formação centenária, consoante autorreconhecimento dos quilombolas, na forma constante do documento que abaixo se esposa, extraído do processo nº 54330.000697-2006-18, que tramita junto ao INCRA.

Área do Quilombo da Aroeira destacada em vermelho

Fonte: Histórias e Modos de Vida das Comunidades Remanescentes de Quilombos (2019).

Parte do percurso é em estrada asfaltada, sendo a outra parte, que se aproxima mais da comunidade, estrada carroçável de barro ou areia, com acesso relativamente difícil e sem serviço de transporte coletivo público, salvo o ônibus escolar.

Até chegar à comunidade, é necessário passar por outras propriedades privadas com cercas, cancelos e demarcações dos imóveis rurais[32].

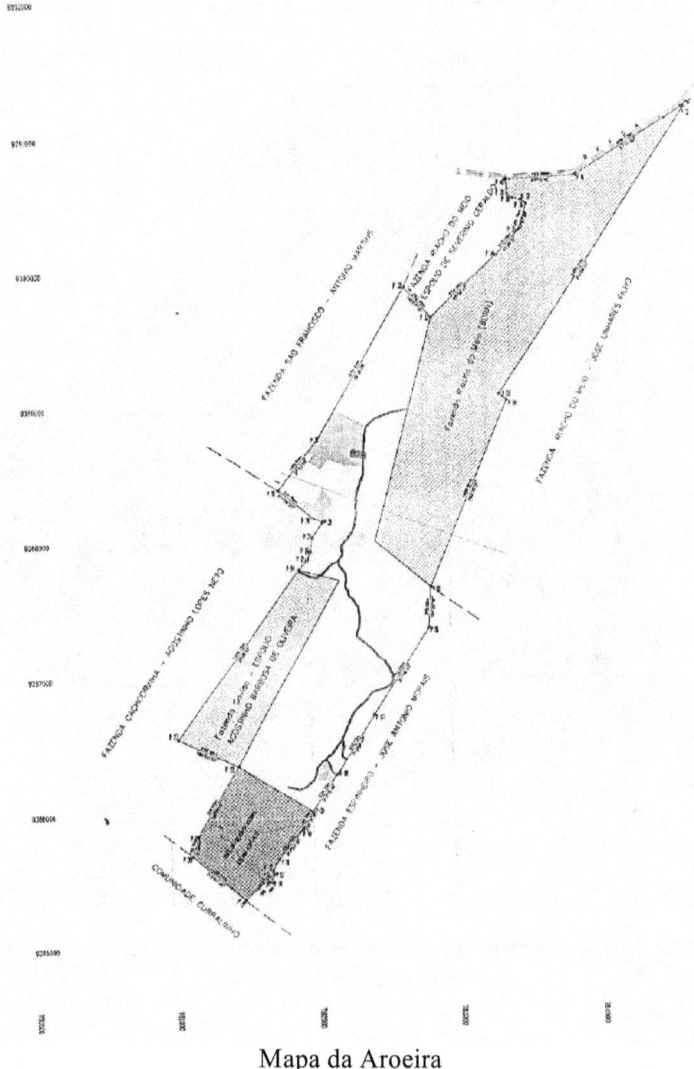

Mapa da Aroeira
Fonte: Acervo do INCRA (2020).

---

[32] Constatado em visita à comunidade feita em 17 de outubro de 2019.

No Livreto que faz parte do projeto da empresa eólica para mitigação dos impactos ambientais, "História e Modos de Vida das Comunidades Remanescentes de Quilombos Bela Vista, Piató, Curralinho, Cabeço dos Mendes e Aroeira" (Rio Grande do Norte- Brasil), aponta-se que a execução da obra é de responsabilidade da empresa Giovanni Sanguinetti Transmissora de Energia S.A., assim como das medidas mitigadoras que compõe o Projeto Básico Ambiental Quilombola (PBA-Q) da futura linha de transmissão (LT) 500 quilovolts (kV) chamada de Assú III- João Câmara III-C2 e Subestações Associadas, com cerca de 135 Km de comprimento, que ligará a Subestação de Assú III à Subestação de João Câmara III no interior do Rio Grande do Norte[33].

O Estudo do Componente Quilombola (ECQ) e a elaboração e execução do PBA-Q integram o processo de licenciamento da referida LT, que é conduzido pelo instituto pelo Instituto de Desenvolvimento Sustentável e Meio Ambiente – IDEMA-RN[34].

Por Relatório Antropológico de Caracterização Histórica, Econômica, Ambiental e Sócio-Cultural, constante do processo de titulação nº 54330.000697-2006-18, que tramita junto ao INCRA[35], realizado na comunidade, constata-se a trajetória comum enquanto grupo, sua formação, origem, famílias com uma referência

---

[33] Extraído do livreto Histórias e Modos de Vida das Comunidades Remanescentes de Quilombos. Bela Vista, Piató, Curralinho, Cabeço dos Mendes e Aroeira (Rio Grande do Norte- Brasil), financiado pela Giovanni Sanguinetti Transmissora de Energia S.A. Projeto Básico Ambiental Quilombola (PBA-Q) da futura linha de transmissão Assú III - João Câmara III - C. Divisão Meio Ambiente Arcadis, 2019.
[34] Idem.
[35] Relatório Antropológico de Caracterização Histórica, Econômica, Ambiental e Sócio-Cultural. Regulação de terras□comunidades quilombolas. Processo nº 54330.000697-2006-18, p. 19-99. INCRA. Lote 25. Comunidade quilombola Aroeira, Pedro Avelino-RN. 2013.

históricas singular, que partilham valorese vivências.

Foto da entrada do Quilombo da Aroeira
Fonte: Acervo do pesquisador (2019).

O uso de suas terras como um território indivisível, coletivo, ocupado e explorado por meio de regras consensuais, é comum aos diversos grupos familiares que compõem a comunidade, cujas relações são orientadas pelas decisões da Associação São Francisco[36], pautadas na solidariedade e ajuda mútua.

No Quilombo Aroeira, importante impulso de autorreconhecimento enquanto quilombo se deu, consoante documento oficial abaixo, no dia 24 de janeiro de 2006, sendoeste um relevantíssimo momento de conquista enquanto sujeito coletivo, daquela comunidade, que se reuniu em associação para dar esse primeiro passo crucial para o seu reconhecimento e luta.

---

[36] A organização política da comunidade teve início com a Criação da Associação São Francisco, no ano de 2006.

Fonte: Processo que tramita junto ao INCRA com número 54330.000697-2006-18.

O Instituto Nacional de Colonização e Reforma Agrária, apenas no ano de 2018, emitiu a portaria de reconhecimento do território rural ocupado pelos quilombolas como terras pertencentes à Comunidade Aroeira. Eis a publicação em 02 de abril do ano de 2018, na qual foi reconhecida e declarada como terra da comunidade remanescente de quilombo, a Aroeira, com área de 530,8024 ha (quinhentos e trinta hectares, oitenta centiares e vinte e quatro ares):

Fonte: Instituto Nacional de Colonização e Reforma Agrária (2020).

Aroeira compõe, consoante dados do INCRA, o Lote 25 do Rio Grande do Norte, onde estão presentes também as comunidades quilombolas de Nova Descoberta em Ielmo Marinho, Pavilhão e Grossos no município de Bom Jesus[37].

Na caracterização do lugar é importante perceber que o solo é massapé, a vegetação é seca, espinhosa e árida. Há casas de alvenaria e de taipa, algumas com cisternas, mas que só têm utilidade no período de chuvas[38].

A comunidade não possui posto de saúde e possui escola infantil com professores vindo da cidade de Pedro Avelino.

Foto da escola infantil do Quilombo Aroeira

Fonte: Acervo do pesquisador (2019).

---

[37] Processo nº 54330.000697-2006-18. p. 19-99. INCRA. Lote 25. Comunidade quilombola Aroeira, PedroAvelino-RN. p. 30, 2013.
[38] Idem, p. 37.

Com 37 famílias cadastradas em 19 de dezembro de 2012 (cadastro no processo do Incra), tendo a maioria bolsa família e quase todos com atividade de agricultores ou agricultoras[39].

O extrativismo de carvão vegetal[40] ainda é prática comum no quilombo, que tem no período de chuva uma subsistência com a plantação de feijão, milho Jerimum[41], além da criação de gado caprinos e suínos. Todavia, a maioria das famílias são cadastradas no bolsa família, sendo esta a renda principal dos moradores da comunidade[42].

Fornos de Carvão Vegetal antes da entrada da comunidade
Fonte: Acervo do pesquisador (2019).

Extrai-se do estudo antropológico, dentro do processo de titulação no INCRA, o depoimento de seu Pereira, antigo morador

---

[39] Idem, p. 107-150.
[40] Idem, p. 91.
[41] Idem, p. 88.
[42] Idem, p. 38.

do quilombo, que relatou chamar-se a comunidade antigamente de Morada Nova, passando só posteriormente a chamar-se Aroeira[43].

Compõem a estrutura física do quilombo o campo de futebol, açude e escola onde funcionava a Associação, que até o segundo semestre de 2019 não tinha sede própria, construída apenas em 2020, em razão do projeto da empresa de transmissão de energia eólicae da portaria 01 da FCP[44].

O seu território é delimitado por marcos, pedras pontudas que os primeiros moradores identificavam até onde ocupavam, e as famílias originárias são as Tutu, Guilherme, Batista e Januário.

Dois dos grandes problemas sociais da comunidade eram a falta de água potável e moradia digna, embora já tenham sido entregues um açude para represar água, além de diversas casas de alvenaria, para substituir casas de taipa e de banheiros nas residências, com caixas d'água acopladas (GOVERNO DO ESTADO DO RIO GRANDE DO NORTE, 2018).

Foto de projeto da SEPLAN que levou água encanada e construiu banheiros[45]
Fonte: Acervo do pesquisador (2019).

---

[43] Idem, p. 47.
[44] O processo de acompanhamento da Fundação Cultural Palmares (FCP) é 01420.002665-2017-26.
[45] Secretaria do Estado do Planejamento e das Finanças. 22/01/2018.

A certidão de autorreconhecimento foi emitida, ainda em outubro de 2006, pelo então presidente da Fundação Palmares que a declarara como "Remanescente das Comunidades dos Quilombos". Eis a certidão:

Fonte: Titulação que tramita junto ao INCRA com número 54330.000697-2006-18.

No caso da Aroeira, o estudo é no sentido de constatar através da pesquisa documental e bibliográfica se é possível dizer que o quilombo é a união de descendentes de escravizados, em razão de uma identidade étnica, que lutam mediante perspectivas políticas de preservação de valores históricos, culturais, em busca de direitos sociais e cidadania, imbuídos pelo sentimento de resistência e territorialidade enquanto sujeito coletivo de direitos.

Além disso, como resposta ao problema levantado no projeto da presente, será constatado se a aquisição de direitos sociais é expressão do Direito Achado na Rua como decorrente de suas lutas do quilombo Aroeira, enquanto sujeito coletivo de direito.

A aquisição de direitos sociais como moradia, água potável, banheiros de alvenaria, sede da associação, açude, cisternas, retratam as lutas, é quase sempre decorrente do movimento social quilombola, do qual faz parte o quilombo da Aroeira.

4. MOVIMENTO SOCIAL QUILOMBOLA E O DIREITO ACHADO NA RUA: UMA ANÁLISE DA ORGANIZAÇÃO E LUTA DO QUILOMBO AROEIRA EM PEDRO AVELINO/ RN

Aqui repousa a parte central dessa produção, onde se apresentará o resultado das análises dos documentos consultados[46] e articulados à revisão de literatura, como forma de dar resposta ao problema da presente pesquisa, bem como a afirmação ou refutação da hipótese apresentada.

Para isso, é preciso articular as categorias do Direito Achado na Rua, as referências sobre os quilombos e movimentos sociais com o resultado da pesquisa documental relacionada ao quilombo Aroeira.

É hora de identificar, através dos documentos que fomentam a pesquisa, a lealdade histórica entre os membros do grupo decorrente dos vínculos comunitários e familiares e as percepções que os fazem se identificarem como um sujeito coletivo.

As lutas encampadas pelo grupo de quilombolas registrados nos documentos consultados dentro do espaço por ele definido como território e o reconhecimento entre eles como comuns, formam um

---

[46] Documentos que remetem à fundação da associação da comunidade, atas de reuniões, fotografias, matérias sobre a comunidade e, especialmente, documentos oficiais de órgãos públicos como Instituto Brasileiro de Geografia e Estatística (IBGE) e Instituto Nacional de Colonização e Reforma Agrária (INCRA), Prefeitura do Município de Pedro Avelino, dentre outros.

outro sujeito, único, que os representa, protege, vivifica, como uma coletividade atuante dentro do processo histórico que não cessa, continuamente permeado por conquistas e intempéries.

São, pois, esses documentos enunciadores que são utilizados para, uma vez articulados aos aspectos teóricos do quilombo e dos movimentos sociais, responder se a Aroeira é expressão do Direito Achado na Rua.

A análise conjuntural e específica de documentos como fontes primárias e secundárias, baseado no arcabouço teórico utilizado para expressar entendimento sobre as categorias acima expostas, será o meio de dissecar o objetivo geral erigido.

4.1 O QUILOMBO AROEIRA: AS VOZES DE SEUS SUJEITOS MEDIANTE DOCUMENTOS E PROCESSO DE TITULAÇÃO

Documentos indispensáveis e estratégicos vêm sendo utilizados sistematicamente no deslinde do estudo para demonstrar aspectos históricos e sociais do quilombo Aroeira, nesse processo de construção de identidade e capacidade política. Dentre esses documentos, destacam-se prioritariamente: o processo de titulação, documentos do CadÚnico relacionados à comunidade, atas de assembleias da Associação São Francisco, contrato e convênios dos quais o quilombo é parte.

Dentre os documentos utilizados, será útil a análise, em especial, do processo de titulação da terra no qual se encontra o Relatório Técnico de Identificação e Delimitação (RTID) com estudo antropológico e entrevistas com o representante da

Associação São Francisco e os membros mais antigos do quilombo.

Por ocasião da elaboração do RTID da comunidade, o estudo antropológico buscou o depoimento dos quilombolas para descrever a memória coletiva e as percepções atuais sobre lutas e solidariedade, retratando com a junção das vozes desses sujeitos o interesse coletivo. O referido estudo antropológico foi apresentado pelos antropólogos que o realizaram como sendo um estudo com o principal eixo de produção da caracterização histórica, ambiental e sociocultural da comunidade.

O citado estudo antropológico constitui-se parte central do processo de reconhecimento, demarcação e titulação do quilombo e deste trabalho, e tem significativa contribuição na presente pesquisa, no sentido de expressar caminhos e sujeitos na busca coletiva de construção de uma identidade quilombola.

Todavia, o que mais interessa nesta parte do livro em apreço é analisar os depoimentos sob as perspectivas de lutas e como se dá a participação do quilombo enquanto sujeito coletivo na busca por direitos, para daí aferi-lo ou não como expressão do Direito Achado na Rua.

O quilombo da Aroeira não foi inventado, fabricado; ele existe há mais de século e data a sua existência do período final da escravização no Brasil. É o que se extrai dos relatos de seus sujeitos expressos nos documentos consultados e, em especial, na fala de seu Januário, em entrevista realizada no estudo antropológico, em 2013, que compõe o RTID do processo de reconhecimento, demarcação e titulação, onde afirma: "tem muitos anos, muito mais de cem anos".

Com base em documentos encontrados no processo de titulação[47] da terra, que tramita junto ao INCRA, pode-se perceber que o quilombo da Aroeira se originou, consoante depoimentos colhidos, há mais de 130 anos e as famílias que deram origem à sua formação foram 4 (quatro), identificadas como Tutu (hoje se afirmam como família Pereira), Guilherme (hoje se afirmam como a família Vieira da Silva), Batista e Januário. A arvore genealógica dessas famílias, constante do RTID, chega até aos moradores atuais do quilombo Aroeira.

Com base na citação abaixo, retirada do estudo antropológico do RTID, pode se concluir que as famílias se entrelaçaram e possuem descendentes comuns, tendo em vista a prática de casamento entre membros do quilombo. Neste sentido, cita o estudo:

> [...] a partir das entrevistas e dos relatos orais dos interlocutores, me deparei com uma condição: "aqui todo mundo é uma família só, é tudo misturado. [...] Assim é possível pensar o caso da Aroeira-RN, onde a endogamia está muito presente, e de acordo com os interlocutores ali todo mundo é primo.

Outro importante documento que traz relevantes informações sobre os quilombolas mais antigos da Aroeira é trazido no artigo escrito por Nascimento e Cunha (2018)[48], em um diálogo com um

---

[47] O processo de titulação da terra correspondente ao território do quilombo, que tramita junto ao INCRA, possui cadastro de todas as famílias até 2013, o Relatório Técnico de Identificação e Delimitação (RTID), composto pelo estudo antropológico com entrevistas, fotografias, dados, árvore genealógica, relatos, mapas. Começou a tramitar no ano de 2006 e, até julho de 2020, encontrava-se com o relatório concluído e pendente de andamento.

[48] Jobson Cleyton Bezerra do Nascimento, Carlos Henrique Pessoa Cunha. Artigo elaborado como trabalho de conclusão de disciplina em curso de pós-graduação em História e Cultura Afro-

casal de idosos quilombolas, Antônio Martins da Silva (conhecido como Vovô), que possuía à época 115 anos de idade, e sua esposa Maria Francisca da Silva (Chiquinha), com 107 anos de idade.

Afirma Nascimento e Cunha (2018) que "Vovô"[49] relata que sua mãe, Maria Joana da Conceição, chamada "Joana parteira", contava a ele, ainda criança, que quando ela chegou na região onde hoje é a comunidade Aroeira já existiam cerca de 30 a 40 negros morando no quilombo. Disse ele que os negros dali (Aroeira) comunicavam-se com outros negros de uma outra comunidade vizinha, o Curralinho[50], localizado no atual município de Afonso Bezerra.

Relatou-se, ainda no referido trabalho, pela entrevista com "Vovô", que no ano de 1902 sua mãe grávida e com catapora, saiu da comunidade da Aroeira com destino aos alagadiços no Agreste, no município de Ceará-Mirim, tendo retornado após cinco anos, no ano de 1907, ao local onde ele nasceu para morar com seus avós paternos, Maria Roxa e José Tatu, e sua avó materna Patrícia do Nascimento, a "negra Patrícia".

A idade desse antigo casal do quilombo pode ser constatada pela certidão de Casamento entre Vovô e Dona Chiquinha, que

---

bresileira, com o título: Comunidade Remanescente de Quilombo da Aroeira. Unasselvi-SC, 2018.

[49] Formava com Dona Chiquinha um dos casais mais velhos do Estado do Rio Grande do Norte, até sua morte
na data de 31/05/2017. Ela continuava viva até o ano de 2018, morando na antiga casa do casal na Fazenda Espinheiro.

[50] Curralinho é outro quilombo localizado no município de Afonso Bezerra e econtra-se com o processo detitulação do seu territótio junto ao INCRA em andamento.

abaixo se acosta.

ESTADO DO RIO GRANDE DO NORTE
REPÚBLICA FEDERATIVA DO BRASIL
COMARCA DE AFONSO BEZERRA
CARTÓRIO ÚNICO EXTRAJUDICIÁRIO
JOSEFA VILANY DA PAZ AVELINO
Oficiala Interina do Registro Civil

CERTIDÃO DE CASAMENTO

CERTIFICO que, do livro B-02 existente em meu poder em cartório, às fls. 196 sob o nº de ordem 410 consta o termo de casamento do Sr. **ANTONIO MARTINS DA SILVA** e dona **MARIA FRANCISCA DA CONCEIÇÃO** que passa a se chamar **MARIA FRANCISCA DA CONCEIÇÃO SILVA** realizado aos 16 de julho de 1958, perante o Sr. Francisco Bezerra da Costa, 3º Juiz de Paz dos Casamentos e as testemunhas que são: *João Teonacio Bezerra, Augusto Pinheiro Bezerra, Maria Bibiana de Lima e Francisco José Constancio.* Sob regime de comunhão de bens. Ele, brasileiro, solteiro, natural de *Afonso Bezerra/RN,* nascido aos 22 (vinte e três) de março de 1902, agricultor. Sendo filho de **Maria Joana da Conceição** já falecida. Ela, brasileira, solteira, natural de *Afonso Bezerra/RN,* nascida aos 31 (trinta e um) de janeiro de 1911, afazeres domésticos. Sendo filha de Francisca Maria da Conceição. **OBSERVAÇÕES**: Casamento feito em 16 (dezesseis) de julho de 1958 de acordo com todas as formalidades legais.

O referido é verdade e dou fé.

Afonso Bezerra, 11 de agosto de 2006.

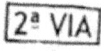

JOSEFA VILANY DA PAZ AVELINO
Oficiala Interina

Fonte: Nascimento e Cunha (2018).

Em outra entrevista extraída do RTID, feita com seu Pereira, assim como Vovô, também neto de "Zé Tutu", pode ser confirmada a versão de que a família Tutu foi uma das primeiras a chegar na Aroeira. Instado pela antropóloga que conduzia a entrevista a contar um pouco da história do quilombo, respondeu seu Pereira:

> "Seu Pereira: Nesse tempo que eles chegaram não alcancei, eu não era nascido. Depois eu nasci peguei a conhecer as coisas; ele morreu o terreno ficou pra minha mãe e pros filhos.
> Antropóloga: Ele quem? Quem chegou primeiro na Aroeira.
> Seu Pereira: Quem chegou primeiro foi o velho meu avô Zé Tutu.
> Seu Pereira: A família Tutu chama Zé Tutu porque diz que era apelido mais o nome dele mesmo era José Antônio de Lima".

"Vovô" e seu Pereira são primos legítimos, ambos netos de Zé Tutu, fazendo parte da terceira geração de moradores do quilombo, o que demonstra, pela idade do primeiro, que remonta a ocupação das terras pelos quilombolas a um período superior a 130 anos.

Noutro ponto do depoimento, no estudo antropológico sobre a importância da organização do quilombo Aroeira, através da sua associação para aquisição de direitos, em depoimento de Seu Januário, tem-se:

> "Antropóloga: O senhor acha que melhorou depois que a Aroeira teve associação? Seu Januário: Tá melhor e vai ficar mais ainda. O problema é esse negócio do documento da terra, depois que resolver isso aí fica tudo liquidado".

Do depoimento se extrai não só a percepção do entrevistado sobre as melhorias advindas com a conquistas da associação fundada no intuito de encampar lutas e adquirir direitos, mas demonstra que a organização do grupo representa esperança para o quilombola e que a conclusão do processo de titulação do território por eles ocupado está associada à melhoria de vida dos membros da Aroeira.

A propriedade privada dos quilombolas é presente na comunidade, sendo parte da terra deixada por "herança", embora nem sempre tenham os quilombolas o título particular do imóvel rural. Porém, passo significativo foi dado pelo quilombo para afirmação da emergência de um novo sujeito coletivo quando afirmou que abdicariam de tais propriedades, às quais já ocupavam há anos, pessoalmente e por seus ascendentes, em favor de um projeto comum de lutar pelos direitos.

A percepção de luta coletiva por direitos, neste caso direito ao território, é percebida no depoimento de Neném, filha de seu Pereira, quando trata de juntar as pessoas para ir atrás do que é deles. Em importante trecho da entrevista no RTID, pode ser observada a percepção da quilombola para lutar pelo território que a eles pertenciam e que foi tomado por avanço das cercas ou vendido por preço vil por algum parente. São os trechos do diálogo durante a entrevista:

> "Neném: se juntarem as pessoas que querem eu acho que a gente consegue; nós não tamos mentindo tamos falando a verdade, querendo o que é nosso por direito, que era dos nossos avós tamos querendo o que é da gente. Então a gente tem que se reunir e querer o que é da gente, não tamos pedindo nada dos outros.
> Seu Januário: A gente tem primeiro de resolver, por que não adiante ir dois nem três.(...)
> Neném: Por mim eu luto pelos meus direitos".

A luta individual é quase inócua e isso é percebido pelos

quilombolas, que se unem para buscar as terras ocupadas por seus ancestrais há mais de séculos, intimamente ligada à origem identitária do quilombo.

Nessa perspectiva, importante é o depoimento de Hélia da Silva, agricultora, moradora da Aroeira e primeira presidente da Associação São Francisco, ao afirmar que se tornou presidente da associação na tentativa de melhorar as condições de vida do seu local, um trabalho voluntário para servir a coletividade, diante das inúmeras dificuldades enfrentadas. Afirmou, ainda, em seu relato[51] que possui raízes com o quilombo e exerce o seu último ano como presidente da associação, assegurando: "Eu pretendo envelhecer aqui, eu não pretendo mais ir para canto nenhum".

Demonstrada, assim, a sua profunda vinculação com o quilombo, expressou, ainda, a esperança e desejo de que Aroeira melhore e a cada dia continue crescente.

Noutro quadrante, mas na mesma linha de análise, importante destacar a questão da identidade étnico-racial dos quilombolas da Aroeira. Nessa direção, importa se valer do diagnóstico vislumbrado da apreciação das fichas cadastrais dos quilombolas, preenchidas em dezembro de 2012, em comparação com as informações prestadas por estes para o Cadastro Único do programa federal Bolsa Família, no ano de 2020. Esse exercício é importante haja vista que, em 2012, no RTID, todas as 37 (trinta e sete) famílias da comunidade na época cadastradas foram

---

[51] Disponível em: https://comtrilhasufrn.wordpress.com/category/pedro-avelino/.

entrevistadas, com um número aproximado de 162 (cento e sessenta e duas pessoas) e, dentre elas, em apenas 4 (quatro) famílias tiveram pessoas que se autodeclararam pretas, dizendo-se a maioria "morenas", além de outras poucas se dizerem pardas ou brancas.

Essa declaração, em se tratando de comunidade quilombola, onde seus membros são descendentes de escravizados, pode revelar a dificuldade que se afirmar como população negra traz para o descendente do escravizado no Brasil. Trata-se de questão de afirmação e construção de uma identidade pessoal e coletiva, que também se constrói e reconstrói no processo de luta e organização para reconhecimento de sua condição de quilombolas e para acesso à determinadas políticas públicas voltadas para esse grupo humano.

Essa dificuldade não é percebida quando a afirmação parte do sujeito coletivo, situação em que a declaração é de que todos são descendentes de escravizados e no território do quilombo estão reunidos há mais de séculos por questões culturais, sociais, econômicas e políticas.

Perceber o quilombo coletivamente, como um sujeito de lutas dentro do processo identitário, tende a contribuir para por abaixo, combater e desvelar o racismo no Brasil, onde por muito tempo a cor da pele e o cabelo (características referentes ao fenótipo) definiram a posição que negros deveriam assumir dentro da sociedade. Neste sentido, disserta Nilma Lino Gomes:

> O cabelo e a cor da pele são vistos como categorias que, em alguns momentos, ajudam a definir quem é negro e quem é branco no Brasil e, em outros, revelam a ambigüidade do racismo brasileiro e o

efeito encobridor dos conflitos raciais aqui existentes, os quais podem ser considerados como conseqüências da não-integração do negro na sociedade brasileira após a abolição e do mito da democracia racial (GOMES, 2003, p. 138).

O autorreconhecimento e a autodeclaração são fundamentais na construção do processo identitário do quilombo, motivo pelo qual se apresenta ainda mais pungente a necessidade de afirmação do sujeito coletivo, encontrando os pontos comuns que unem os quilombolas em torno de aspectos sociais, culturais, políticos.

Hoje, o quilombo conta com 78 (setenta e oito) famílias, todas elas se declarando quilombolas, inclusive 11 (onze) famílias que precisaram não mais residir no território da Aroeira e mudaram-se para cidade, mas fazem questão de afirmar o vínculo e suas raízes com o quilombo. Essas importantes informações atualizadas são trazidas através do Cadastro Único do Governo Federal. Essa é a relevância do sujeito coletivo de direitos nesse processo de transformação.

Cumpre, assim, nessa parte do livro, compreender o quilombo Aroeira como um sujeito coletivo transformador da sua própria realidade social, com raízes históricas e sociais comuns e com a luta pela implementação de direitos que somente coletivamente podem ser alcançados, visando afastar a opressão e obter a liberdade substantiva de forma legítima.

No processo construtivo de lutas políticas e afirmação do sujeito coletivo, o reconhecimento tem papel preponderante para o quilombo e os quilombolas, que, quando protegidos pelo sujeito coletivo de direitos, se sentem à vontade para assumir suas origens e declararem-se descendentes de escravizados, construindo uma identidade negra e quilombola.

Importante ressaltar que a condição de quilombo e quilombolas trazem para a Aroeira um reconhecimento particular para acesso às políticas públicas como já referido. Nesse sentido, destaca-se, por exemplo, no documento do Cadastro Único do Bolsa Família, que trata da forma de abastecimento de água, que dá conta que os quilombolas vêm sendo abastecidos por cisternas construídas, poços, rede de distribuição, onde também são contemplados aqueles que moram fora do quilombo.

Em se tratando de moradia, as casas que eram eminentemente de taipa são hoje, na sua maioria, de alvenaria, o que se percebe em 50 (cinqüenta) delas. Todavia, 9 (nove) residências ainda continuam de taipa com revestimento, e outras 17 (dezessete) ainda não revestidas. As casas decorrem do projeto "Minha Casa Minha Vida", do Governo Federal.

Um outro importante dado que contribui para compreender o quilombo e a forma de manutenção dos quilombolas, é que das 78 (setenta e oito) famílias, apenas 10 (dez) não são incluídas no cadastro do benefício do Bolsa Família. Tais informações oficiais mostram as condições financeiras dos quilombolas e sua organização para percepção de inclusão nos programas sociais.

Muitas dessas conquistas só foram possíveis em razão do projeto político elaborado pela Associação São Francisco para transformação social, através da qual os quilombolas pagam mensalidade para sua manutenção, oportunizando lutas em prol das políticas públicas e sociais e dos programas a serem desenvolvidos na comunidade.

O fato de se reconhecerem como "comunidades remanescentes de quilombos", descendentes de "escravos", ocupando o território há mais de 100 anos, como comprova o documento de autorreconhecimento, oportuniza o exercício de direitos não antes percebidos, como educação, moradia, saúde, infraestrutura e assistência social, que sequer eram ventilados antes.

Importante registrar, conforme Secretaria Municipal do Trabalho da Habitação e da Assistência Social – SEMTHAS, do Município de Pedro Avelino, os programas que contemplam o Quilombo da Aroeira. São eles: Bolsa Família, Benefício de Prestação Continuada (BPC), Tarifa Social de Energia Elétrica, Programa Minha Casa Minha Vida, Carteira do Idoso, Aposentadoria para pessoas de Baixa Renda, Programas Cisternas, Bolsa Estiagem, Serviços Assistenciais.

Em se tratando de educação, consoante documento extraído do Projeto Político Pedagógico do Centro Municipal de Ensino Rural Professora Alba Bezerra Antas - Secretaria Municipal de Educação e Cultura de Pedro Avelino/RN, que já relata os Aspectos Educacionais da Comunidade, é feito um breve histórico da Unidade Escolar Maria Adelaide Costa, com sede no quilombo, que oferece Educação Infantil, Ensino Fundamental, anos iniciais. O referido documento destaca, ainda, que no ano de 2020, atendendo uma reivindicação da comunidade, foi implantada a modalidade de

Educação de Jovens e Adultos EJA 1º Segmento - I e II período.

Essa conquista de levar ao quilombo a educação de jovens e adultos decorreu das lutas da comunidade, em todos os âmbitos, pela articulação da Associação São Francisco, consoante denota-se do próprio texto do projeto.

Registre-se, ainda, que no ano de 2019 (dois mil e dezenove) a comunidade Quilombola da Aroeira foi contemplada com o programa RN Alfabetizado, executado pela Secretaria Estadual da Educação, em parceria com o Governo Federal (Brasil Alfabetizado).

Tratando-se de condições de sobrevivência, resgata-se o RTDI que registra, outrossim, uma forma coletiva de agricultura desenvolvida pelos quilombolas, priorizando, todavia, aqueles que plantavam e colhiam para, solidariamente, se beneficiar com o plantio. Essa plantação é feita em terras comuns e particulares dos quilombolas.

Sabe-se que algumas normas jurídicas foram criadas em prol dos quilombos, mas que a conquista efetiva não vem a reboque com a sua promulgação. A eficácia da Constituição e de outras normas depende de uma luta continua, em um processo de ganhos e perdas. Essa luta se dá como expressão da liberdade, mesmo que seja contra a lei, como no caso dos quilombos, quando lutam em movimentos sociais por seu território, mesmo com o título estando em nome de outros proprietários, bem como quando encampam projetos a eles ainda não conferidos.

A Associação São Francisco do Quilombo Aroeira tem papel

preponderante na participação de todos os atos praticados junto à Fundação Cultural Palmares, INCRA, Prefeitura de Pedro Avelino, LBV, atuando na interlocução dos quilombolas, que expressam seus anseios através de um sujeito coletivo, com importante papel na condução das conquistase cobrança de direitos.

A Aroeira, assim como as demais comunidades negras rurais e quilombolas, se definem também por relações que tem estabelecido com outras unidades, instituições e agentes. Essas modalidades de relação são bastante variadas, envolvendo tanto articulações, quanto conflitos, negociações e oposições, pois não são os quilombos isolados ou fechados neles mesmos, mas concebidos em "termos relacionais e históricos em um mundo social constituído de modo heterogêneo" (VALLE, 2013).

Importante articulação da Fundação Cultural Palmares com o quilombo pode ser percebida, como já referido acima, quando as linhas de transmissão da energia eólica foram passar por dentro do território quilombola e foi necessário que na comunidade fosse construída uma sede para a associação e um açude pra represar água da chuva. A fala da associação com a empresa se deu através da FCP, que abriu processo administrativo para apurar o cumprimento das regras estabelecidas para que as linhas de transmissão pudessem passar. Tem-se a fotografia do açude, construído no final do ano de 2019 no quilombo:

Foto: Erivan Medino (2020).

Assinaram, os representantes da empresa Giovanni Sanguineti, um termo de doação da sede e de seus bens móveis, da forma prevista no Projeto Básico Ambiental Quilombola (PBAQ), dentre os quais: um freezer, ventiladores, computador, fogão, câmera fotográfica, antena de internet e data show. São bens úteis ao quilombo, que visam contribuir para associação e que, inevitavelmente, corroboram para o processo de organização política e projeto de lutas por novos direitos.

Nesse sentido, cabe resgatar um pouco mais da história da Associação São Francisco, partindo do que se registrou na ata da assembleia na qual se reuniram com um afã próprio de serem reconhecidos como quilombo e assim se autoafirmarem "Remanescentes de Quilombos", como prevê expressão própria do Art. 68 dos ADCT (Atos e Disposições Constitucionais Transitórias); importante conduta, na qual se percebe essa categorização de sujeito coletivo de direitos.

Esse relevante impulso inicial foi dado já em 24 de fevereiro de 2006, quando se reuniram os membros da Associação e rogaram à superintendência do INCRA para tomar providências para demarcação e regularização das terras por eles ocupadas. É nesse documento onde expressam os quilombolas a sua força como sujeito coletivo para organização e aquisição de direitos.

Através da análise, pois, dos documentos onde se exteriorizaram as vozes dos sujeitos do quilombo e da fala dos quilombolas mais antigos, diretores da associação, dentre outros, expressas nesses documentos, é que se afere o Quilombo Aroeira como uma unidade coletiva, decorrente de laços sanguíneos e étnicos, com uma territorialidade evidenciada e bem definida, percebendo-se, outrossim, a esperança e consciência que os quilombolas depositam na articulação e luta por direitos implementadas pelo quilombo.

4.2 QUILOMBO AROEIRA: EXPRESSÃO DO DIREITO ACHADO NA RUA

É importante fazer a relação entre o quilombo e sua expressão do Direito Achado na Rua abordando aqui suas principais categorias e, uma vez articuladas, poder culminar com a satisfação do objetivo geral proposto para esta elaboração.

Nesta linha é fundamental tratar da Aroeira como espaço público de desenvolvimento do Direito como Liberdade, através do Sujeito Coletivo de Direitos.

O lugar de expressão e eclosão do Direito não se refere a "Rua" como espaço físico, mas deve ser compreendido como espaço público, lugar onde o direito se expressa, fora dos gabinetes dos engravatados, emergindo do clamor dos espoliados. Pois bem, espoliados tão presentes que se via e ainda vê no Quilombo Aroeira.

Pelas informações esposadas até aqui e os documentos apresentados, pode-se vislumbrar que a Aroeira é um quilombo muito carente e que as mais básicas necessidades, como água potável, moradia digna, saúde, ainda não fazem parte da realidade do quilombo.

A luta por direitos é a única saída dos quilombolas e a sua articulação enquanto sujeito coletivo não se apresenta simplesmente como uma opção, mas como uma necessidade, única forma possível de conquista. Como abelhas, que sem colunas e sem tacho fazem mel, os quilombolas fazem eclodir de suas lutas, sem representatividade política e sem esperar por implementação de direitos decorrentes dos poderes constituídos ou da lei, os direitos sociais e humanos.

Os quilombolas da Aroeira vivem experiências dramáticas que lhes negam direitos cotidianamente e encontram no espaço público, na participação dos movimentos sociais, o direito achado na rua como um instrumento para aquisição de políticas públicas.

Como organização da liberdade, os quilombolas da Aroeira buscam os direitos e a democracia substantiva e, buscando a justiça social, lutam por uma dignidade, inclusão e participação. O Direito surge, pois, no caso do quilombo Aroeira, de sua organização, de suas pautas, suas carências e subsequentes lutas.

Além do fundamental passo inicial dado em 24 de fevereiro de 2006, quando se reuniram os membros do quilombo para se autorreconhecerem como "comunidade remanescente de quilombo", como prevê o texto da Constituição Federal, outras significativas etapas foram galgadas de maneira contínua.

Em 29 de fevereiro, também em assembleia dos quilombolas, outro importante passo enquanto sujeito coletivo de direito foi dado, pois é o momento em que os quilombolas que teriam direito à terra individualmente, ou já com o direito de posse suficiente para adquirir a propriedade por usucapião[52] (em tratando-se de terras particulares), abdicaram desse direito em favor da coletividade, fazendo constar na ata que "(...) se por ventura algum quilombola possuísse registro de suas terras, sua matrícula seria anulada em favor da nova matricula do título do território inteiro e que perderia a propriedade individual do imóvel, porém seria indenizado pela terra nua".

Concordaram, seguidamente, que o território do quilombo seria "inalienável, impenhorável e imprescritível, de acordo com as cláusulas constantes em seu título", bem como que "seria registrado em nome da Associação Quilombola e seria de posse coletiva", tudo isso com registro em ata dessa reunião.

Embora outros institutos pudessem ser usados para aquisição ou manutenção da propriedade, a título de exemplo, a usucapião (todos estão lá com tempo suficiente para usucapir a terra), a luta

---

[52] Foma de aquisição de propriedade imóvel em razão do exercício da posse initerrupta, previsto pelo Código Civil, nos artigos 1.238 e seguintes.

pela terra e respectivos títulos passou a se dar de forma institucionalizada e através do sujeito coletivo.

Passam, assim, pois, a modelar uma identidade de luta de forma estratégica. A "comunidade remanescente de quilombo" concebida recentemente tem um sentido reatualizado daquele normatizado na Constituição de 1988, quando entendida como uma unidade em termos políticos e sociais, e se apresenta posteriormente como um sujeito coletivo de direito, que é como as comunidades quilombolas se afiguram hoje (VALLE, 2013).

No caso da Aroeira, apesar da carência de instrução formal dos membros, estes avaliam, organizam e elaboram estratégias.

É sob essa perspectiva que o "Direito Achado na Rua" se solidifica, fazendo-se entender como expressão da liberdade, de lutas, tantas delas originárias eminentemente da articulação dos quilombolas, como um campo de fluxo e refluxo do surgimento do Direito.

É assim, pois, que se mostram articulados os elementos atinentes ao Direito Achado na Rua com as lutas do quilombo Aroeira, os direitos enunciados do clamor do quilombo como organização, tudo consoante análise dos documentos pontuados.

Na ata de Aprovação da Proposta de Identificação Territorial da Comunidade Quilombola da Aroeira (a qual consta no Processo de Titulação - INCRA), em reunião realizada em 10 de outubro de 2012, na sede da Escola Municipal Maria Adelaide Câmara Costa, consta que o grupo, para analisar a proposta do RTID que apresentou o mapa que representava o espaço das terras tradicionalmente ocupadas e reivindicada pela comunidade Aroeira, pôde votar pela aprovação do território, sendo discutidos, também pela assembleia dos quilombolas, a área de preservação ambiental.

A aprovação do território consoante a versão da comunidade, de cada espaço de terra conquistado, é fruto da luta conjunta por esse direito, do sujeito coletivo, organizado com esse fim.

Consoante Estatuto da Associação, estão entre os seus objetivos assim descritos:

> I) Promover o desenvolvimento comunitário através da realização de obras e melhoramentos, com recursos próprios ou obtidos por doação ou empréstimo; II) proporcionar aos seus sócios e dependentes a organização das atividades econômicas, através da exploração de áreas da localidade da comunidade Aroeira, com produções vegetais, pecuárias, agroindustriais e artesanato, em forma individual e –ou comunitária.;III) proporcionar aos seus sócios e dependentes atividades culturais, desportivas assistências, diretamente ou através das instituições.

Das atas das assembléias gerais da Associação São Francisco consta o registro da prestação de contas das mensalidades pagas pelos quilombolas (dois reais por mês), projetos de casas da Caixa, projeto governo cidadão, projeto de cisternas que estão buscando.

Mesmo tratando-se de pessoas muito humildes financeiramente, os quilombolas contribuem mensalmente com a Associação por eles criada, para que, também através dela, novas conquistas e direitos possam ser alcançados.

Em ata da Assembléia realizada na sede da única escola que tem no quilombo, o então presidente da Associação São Francisco, o senhor Francisco Paulo da Silva, conclama todos a contribuirem com R$ 0,50 (cinqüenta centavos) para divulgar ações da associação através de uma divulgadora por eles idealizada para anunciar ações da comunidade e convocar mais pessoas para as reuniões.

Através da divulgadora Aroeira, criada pelos quilombolas, eles anunciam atos e conquistas, convocam reuniões, invocam pautas, informam assuntos que sejam de interesse do quilombo, de forma que os moradores consigam se articular para lutas e ações a serem realizadas pela coletividade.

A divulgadora é um importante símbolo da organização da comunidade e consiste em um simples equipamento de som com microfone, que é instalada numa casa feita de barro e taipas, onde mora Fracijonson de Souza Costa, conhecido como "Neném Cantor", tendo um alto-falante no poste em frente à residência, de forma que o som se propague por toda a comunidade.

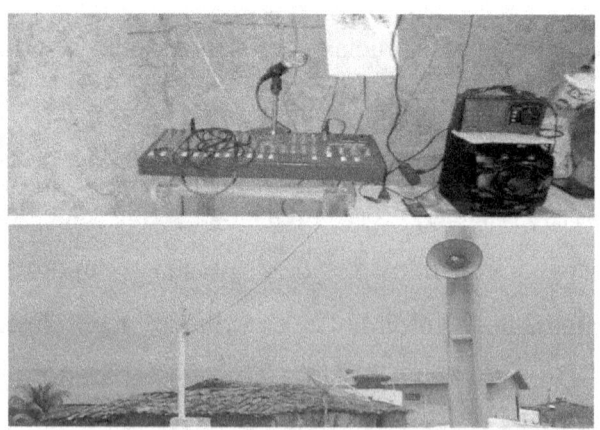

Foto da divulgadora da Aroeira
Foto: Erivan Medino (2020).

Há de perceber que mesmo carente de moradia digna, a população da Aroeira, com os parcos valores que dispõe, se articula e se reúne para dar continuidade ao seu projeto de luta por direitos, dentre os quais moradia digna.

A educação de Jovens e Adultos é um direito conferido há décadas, mas só através da articulação da prática social na busca pelo direito é que foi implementada a sua conquista.Essa releitura da lei ou busca pelo que ela ainda não assegura é o que pode ser percebido em ações cotidianas e legítimas decorrentes da organização do quilombo. Eis nesse ato uma importante configuração de como se expressa o Direito Achado na Rua.

Brito (2018), em sua tese de doutorado, analisando a narração de Alexandre Bernardino Costa sobre a Vila Telebrasília[53], caso emblemático do Direito Achado na Rua, fazendo um comparativo das categorias presentes no Movimento Mossoroense Pau de Arara[54], conclui que este não se configura expressão do Direito Achado na Rua, mesmo tendo articulado sujeitos, apresentado pautas, atuado de forma coletiva e tendo conquistado alguns resultados (BRITO, 2018).

Arremata Brito que, apesar de laços interpessoais entre os

---

[53] Trata-se do caso da Vila Telebrasília e a luta pelo direito à moradia. Essa comunidade se formou a partir de um acampamento dos trabalhadores que construíam Brasília e o Direito Achado na Rua teve papel essencial ao credenciar as famílias e documentar os lotes e os respectivos possuidores estabelecidos ao longo de anos. O poder público iniciou um processo de desocupação do local, mas uma parte da comunidade resistiu, unindo-se ecriando uma associação para se fortalecer.
[54] No Movimento Pau de Arara a luta preponderante era por mobilidade urbana, havendo, também, no movimento mossoroense de 2013, reivindicação de outros direitos, dentre os quais a acessibilidade, respeito aos direitos trabalhistas, participação popular nas políticas públicas.

participantes tenham sido gerados, isso não ocorria com a mesma intensidade aferida na Vila Telebrasília e que a subjetividade coletiva não se consolidou no Movimento Mossoroense a ponto de formar um projeto político em luta contínua pela perpetuação dos direitos conquistados, já que as conquistas eram pontuais.

Seguindo a oportuna linha de comparação das categorias para o caso do Quilombo Aroeira, percebe-se que além dos requisitos coincidentes entre o caso da Vila Telebrasília e o Movimento Mossoroense, ainda podem ser encontrados a articulação entre os sujeitos para, unidos, lutar ininterruptamente por direitos de uma coletividade, conservando os resultados presentes e buscando novas conquistas de pautas continuamente apresentadas.

Os vínculos entre os quilombolas da Aroeira são decorrentes dos anseios, da solidariedade entre os membros dos quilombos e dos interesses coletivos a serem alcançados pela mobilização política, existindo junto com tudo isso vínculos de parentesco e consanguinidade.

Noutro quadrante, a participação do quilombo em movimentos sociais quilombolas torna possível informar seguramente que no quilombo Aroeira os direitos são conquistados pelos quilombolas responsáveis por essa interlocução também com outros quilombos[55]. Contudo, apesar das conquistas ainda falta muita coisa na comunidade e por isso esse processo é contínuo.

Os movimentos sociais têm papel preponderante nessa luta,

---

[55] Os Encontros de Comunidades Quilombolas do Sertão Cabugi, com os quilombos de Curralinho em Afonso Bezerra-RN e de Livramento em Angicos-RN, são exemplos dessa articução com o Movimento Social Quilombola. É melhor tratado acima, no ítem 3.1.

fixando pautas, traçando diretrizes e segurando a batuta nesse enfrentamento de implementação de lutas.

Identificar as experiências não convencionais de luta e criação do direito a partir do protagonismo do quilombo, bem como analisar como emerge dessas experiências a consolidação da democracia por eles mesmos conquistadas, faz perceber presente o Direito Achado na Rua.

A atuação do quilombo é fonte que emana o Direito Achado na Rua e sob os seus auspícios que se revelam as conquistas e a mudança da vida da comunidade.

Nas atas de assembleias da Aroeira, percebe-se que as conquistas por eles alcançadas não conformam o sujeito para luta, mas continuamente fazem com que, arrimadas em conquistas passadas, novas pautas nasçam.

Na sociedade e dentre os poderes constituídos, essas pessoas e o quilombo são praticamente desprezados. Analisar o direito sob essa perspectiva, partindo da ação do sujeito coletivo de direito no espaço público, com a vivência dos quilombolas, tende a contribuir para um conhecimento muito relevante, para um saber que esteja mais relacionado com a luta e aquisição de direitos dos próprios espoliados.

Os sujeitos passam a perceber que eles são vetores construtores dos seus próprios direitos, buscando aqueles ainda não reconhecidos em lei e aplicação, por uma nova forma, daqueles já tipificados na norma, mas ainda sem eficácia naquele espaço.

A luta inicial é por condições dignas de vida, mas tem

reflexo direto em preceitos relacionados ao preconceito racial, discriminação, dignidade humana, fazendo tais assuntos serem pautas fundamentais em todo o prélio por eles encarado.

Os quilombolas da Aroeira muito ainda têm a lutar e a ser feito, mas a força desses sujeitos é a prova de que, se a democracia foi prostituída por todos aqueles privilégios, é necessário e possível resgatá-la com procedimentos democráticos (LYRA FILHO, 1986).

Essa organização coletiva, com conquistas consolidadas, pautas contínuas e articulação para novas lutas, é o que faz emergir o Direito Achado na Rua do Quilombo Aroeira, que, por sua vez, configura-se como um sujeito coletivo de direitos.

O Quilombo Aroeira é expressão do Direito Achado na Rua, que emerge das práticas cotidianas de lutas do quilombo enquanto sujeito coletivo de direitos, na busca por direitos humanos e relacionados à cidadania, onde não se permitem os quilombolas que a frieza da lei possa calar os seus anseios ou que os poderes constituídos possam aplicá-las sem a sua interferência ou participação. Os laços étnicos, a relação de consangüinidade e os anseios de luta são fortes ligas, que proporcionam que esse processo seja histórico, contínuo e alvissareiro.

5. CONCLUSÃO

Foram abordados nesta produção os temas Movimento Quilombola e o Direito Achado na Rua, fazendo uma análise dos seus conceitos, objetivos e importância, dissecando cada categoria e procedendo articulação entre elas, com foco de confirmar, ou não, a hipótese de que o quilombo Aroeira no Município de Pedro Avelino-RN se configura expressão do Direito Achado na Rua.

Constatou-se na primeira parte a importância de falar sobre esses dois temas e mostrar a necessidade de tratá-los, fazendo uma concatenação dos seus aspectos comuns e dos pontos que os unem, passando antes por uma compreensão dos Movimentos Sociais.

Foi necessário, pois, desenvolver inicialmente, antes de ingressar no movimento quilombola propriamente dito, aspectos teóricos dos movimentos sociais como mola propulsora para a criação de direitos, demonstrando que a luta deve ser una entre eles, pois a deficiência de direitos conferidos às categorias por eles representadas é a intercessão entre todos os movimentos sociais, tendo como causa dessas deficiências, a política de desigualdade promovida pelo próprio Estado, que deveria ser o ente garantidor, instituidor das políticas públicas, que se configura como expressão do racismo estrutural e institucional no Brasil.

São os Movimentos Sociais, assim, que seguram a batuta da democracia e da participação política, fazendo o direito emergir do espaço público de forma participativa, humanisticamente, como expressão da liberdade, não como ordem.

Percebeu-se, nesta linha, a importância de classificar o Movimento Social Quilombola como parte dos Novos Movimentos Sociais, concluindo-se que são aqueles movimentos ligados às questões identitárias, culturais e sociais, que transcendem as discussões de classe, embora não as excluam da sua categorização.

É com esse viés transformador, que os Movimentos Sociais e os Novos Movimentos Sociais se apresentam, especialmente como instrumento de lutas políticas para construção e reivindicações de Direitos Sociais, Direitos Humanos.

Os Movimentos Sociais não precisam pedir licença para lutar, tampouco para pautar as suas reivindicações políticas na lei ou na autorização dos poderes constituídos. Por essas razões, o direito que dessa organização se origina é puramente humano, democrático, na verdadeira acepção da palavra.

É uma luta que não cessa, mas, é através do Direito Achado na Rua, com sua afirmação nas ações dos Movimentos Sociais, que respira a liberdade e a participação política, como meio de criação de verdadeiros direitos humanos e de uma democracia substantiva.

Daí a relevância do estudo do Direito Achado na Rua como um instrumento para dar espeque a essas relações com os movimentos sociais e suas lutas políticas, no alcance dos direitos humanos. Resta evidente, com o estudo e a compreensão dessa forma de ver o Direito, que a desigualdade social tenda a ser mitigada através da utilização desses instrumentos.

O referencial teórico tratado no presente fez constatar os movimentos sociais e o Direito Achado na Rua como instrumentos de luta, molas propulsoras para aquisição de direitos humanos, cidadania e democracia.

Demonstrou-se que o direito como ordem tende a atender interesses próprios daqueles que se utilizam do Estado a seu serviço. Para melhor apreciação do Direito devem ser levados em consideração aspectos do seu surgimento no espaço público, dos anseios e clamores sociais, se configurando como liberdade e não simplesmente como ordem, indo, muitas vezes, contra a lei. É sob esses aspectos que os sujeitos coletivos de direitos, percebidos nos Novos Movimentos Sociais, são fontes de surgimento do direito de forma verdadeiramente humana, democrática, originário do clamor público.

Vê-se o Direito, assim, surgido das necessidades sociais, das pautas dos Novos Movimentos Sociais, como um instrumento de afirmação dos direitos verdadeiramente humanos e democráticos, que oportuniza a participação política.

É dessa participação política dos grupos sociais, através dos Novos Movimentos Sociais, que emana o "Direito Achado na Rua" para ser instrumento de afirmação dos movimentos sociais quilombola, negro, indígena, feminista, estudantil, LGBT.

Ainda sobre a primeira parte do tema, relacionado ao movimento quilombola, para chegar às conclusões aqui esposadas foi preciso desenvolver a escrita considerando questões teóricas e históricas, desde a escravismo no período colonial no Brasil e no

Estado do Rio Grande do Norte, passando pelo movimento negro de lutas e conquistas até os dias atuais.

Para isso, foi preciso percorrer conceitos sob diversas acepções do que viria a ser quilombo, passando por sua análise histórica, considerando os motivos de sua formação baseados em conceitos da época da colonização até conceitos atuais de quilombo, que sugiram nesse espaço temporal e foram modificados com os acontecimentos sociais e históricos.

A análise conceitual e histórica mostrou que o quilombo deixou de ser somente um aspecto negativo, ilícito e até criminoso, para, diante de uma ressemantização, ser analisado por outros prismas, levando em conta aspectos sociológicos e políticos que passaram a fundamentar as razões da reunião dos negros descendentes de escravos e essa territorialidade que os ligam à terra vindicada.

Foi trazido um conceito de quilombo que envolve categorias como união, identidade étnica, luta, preservação de valores, sujeito coletivo de direito, resistência e territorialidade. Com essas categorias conceituais veio à baila uma nova percepção de quilombo, com nova interlocução com a sociedade e com o aparato estatal, que passa a se afigurar o que denominamos de movimento social quilombola.

As referências bibliográficas deram conta que o escravismo não pode ser visto como algo romantizado ou lúdico, seja qual for o prisma a ser apreciado. A forma como a colonização se desenvolveu no Rio Grande do Norte e como os seus efeitos perduraram mesmo após a escravização, que minimizam problemas sociais e raciais existentes, já mostra que a luta não cessa.

Da abordagem do período da libertação dos escravizados no Estado do Rio Grande do Norte percebe-se uma vertente elitista, em que se rendiam glórias aos que e voluntariamente libertavam seus escravos como um ato heróico, sendo percebido, na verdade, que a mão-de-obra escravizada não era mais interessante aos seus proprietários em razão de questõeseminentemente econômicas.

Atos marcantes dos movimentos negros, desde o início do século passado até os dias atuais, puderam mostrar como foram desenvolvidas as articulações partidas das necessidades sociais da população negra, de onde passaram a se afigurar, em meados da década de 1980, movimentos originários dos quilombos, com reivindicações e pautas próprias.

Nesta linha, foi possível abordar, através das fundamentações teóricas, o Movimento Quilombola como um Novo Movimento Social, que transcende as discussões de classe,embora não as exclua. São movimentos por direitos e por reconhecimento dos quilombos como identidade étnica, resistência, luta, preservação de valores, buscando que seja a eles assegurado o território onde encontram-se fincadas suas raízes, bem como as conquistas decorrentes das lutas do povo negro e da população quilombola como sujeito coletivo.

A organização dessas lutas e a identidade entre os sujeitos que se unem em torno de valores históricos e étnicos, na busca por direitos, os fazem se identificar com projetos convergentes para participar de ações coletivas, a fim de solucionar suas demandas.

O Movimento Social Quilombola está pautado num referencial coletivo, que baliza suas ações em critérios subjetivos, identitários e comunitários de lutas, vendo o quilombo como um fator de mobilização política, que faz com que esses sujeitos gerem uma identidade entre si.

O Movimento Social Quilombola ainda apresenta tímida participação no cenário nacional nesse campo de lutas, mas cada dia vem se afigurando vetor de organização, ciente que o retrocesso não pode ser uma opção palatável, o que levará a implementação de estudos mais aprofundados.

Os documentos consultados dão conta que o reconhecimento como quilombo e a demarcação das terras em um processo moroso, assoberbado de exigências e investigações jurídicas, sociais e antropológicas é tratado como mais um tópico destes capítulos da resistência e lutas políticas do povo quilombola de Aroeira.

Observou-se que as normas que disciplinam o processo de reconhecimento, demarcatório e de concessão do título da terra aos quilombos são objetos de lutas e decorrem, também, das marcas deixadas por esses embates e manifestações.

Todavia, ficou claro que, não só no Rio Grande do Norte, mas em todo o Brasil, esse processo de titulação e elaboração do Relatório Técnico de Identificação e Demarcação (RTDI) são morosos e penosos, sendo o seu andamento um desafio dos quilombos e dos Movimentos Socais Quilombolas, em razão da destinação de poucos recursos financeiros, bem como a secundarização pelo INCRA à política quilombola, a ausência de agenda com demandas comuns dos quilombos, além da fragmentação das organizações associativas das comunidades.

As tabelas e quadros, quando articulados com as referências apresentadas e o processo de titulação da terra, que tramita junto ao INCRA, faz constatar que a situação de morosidade que permeia esses processos não é apenas do quilombo Aroeira, mas de todos aqueles que buscam esse direito, pois no Estado do Rio Grande do Norte existem, hoje, 33 comunidades remanescentes de quilombos (CRQs) certificadas pela Fundação Cultural Palmares (FCP), estando apenas 23 delas com processos abertos junto ao INCRA e somente 8 com o processo em estado avançado de tramitação.

A organização dos quilombolas da Aroeira, através da Associação São Francisco, a partir do ano de 2006, foi fundamental para afirmar o seu autorreconhecimento, dando um salto exponencial para essa organização e sujeição aos direitos que são próprios das comunidades quilombolas. Evidenciou-se que apenas através da organização da conquista de direitos, modificando as regras atuais da democracia representativa, Estado como fonte do Direito, é que os direitos comunitários deixarão de ser inferiores, confrontados ou cooptados pelo Direito Positivo do Estado (WOLKMER, 2011).

Constatou-se no quilombo Aroeira que as conquistas são contínuas, dentre as quais o acesso à políticas públicas e infraestrutura, como a sede própria para a associação e um açude para abastecimento de água para a comunidade, que decorreu da compensação pela instalação de linhas de energia eólica construídas no território do quilombo, melhorando a vida da localidade.

A Aroeira é um quilombo de pessoas sofridas, tradicionalmente abandonadas pelo poder estatal. Resistir mais de um século nessa situação mostra a garra que possuem os quilombolas lá fincados. Há pouco mais de uma década passos significativos passaram a ser dados como única saída de quem grita por direitos e percebeu que, para galgar espaços, é preciso uma articulação diferenciada através da organização enquanto, como a AssociaçãoSão Francisco.

Registre-se que não se pode esperar simplesmente da lei a resposta para essas necessidades, bastando lembrar que a escravidão tinha todo amparo do Estado e da legislação da época, como se evidenciou dos referenciais teóricos utilizados. Todavia, perceba-se que para o êxito dessas reivindicações, especialmente quando se luta por direitos humanos, democracia e cidadania, é fundamental que se dê de forma não segmentada, unindo forças dos movimentos sociais contra toda a estrutura de dominação, vindicando ter em mãos o efetivo poder político.

No quilombo Aroeira, em Pedro Avelino-RN, a luta por direitos sociais, dentre os quais os títulos da terra, adicionados especialmente a luta por água potável, moradia e saneamento básico, está em plena efervescência e sua atuação como sujeito coletivo de direitos tem fundamental papel no processo de reconhecimento e conquistas desses direitos.

Nessa perspectiva, é importante ter em mente, e isso já se apresenta claro para os quilombolas da Aroeira, que a conquista da demarcação do território é apenas um passo, sendo fundamental que se implementem as políticas subsequentes de reforma agrária e infraestruturaque concebam a qualidade de vida como consequência dos direitos conferidos.

A pesquisa também evidenciou a questão identitária, étnico-racial de autodeclaração e orgulho da sua condição de negro quilombola.

É essa questão identitária que a luta do quilombo como um sujeito coletivo ajuda a construir, como ocorre quando aqueles que não residem mais na Aroeira se afirmam quilombolas, em razão de terem a consciência que ali estão suas origens e que são parte daquela territorialidade por se sentirem melhor protegidos nesse processo contínuo e históricode lutas.

É possível dizer que o quilombo, é a união de descendentes de escravizados, em razão de uma identidade étnica, que lutam mediante perspectivas políticas de preservação de valoreshistóricos, culturais, em busca de direitos sociais e cidadania, imbuídos pelo sentimento de resistência e territorialidade, enquanto sujeito coletivo de direitos.

É possível afirmar, consoante os achados da pesquisa, que no quilombo Aroeira a organização e o fortalecimento das práticas de políticas associativas estão em franco desenvolvimento e consolidação, demonstrando-se pela análise da documentação com os referenciais teóricos, que são elas responsáveis, direta ou indiretamente, pelas conquistas que decorrem das lutas como sujeito coletivo.

Nesse sentido, consideramos que os estudos realizados evidenciaram que a hipótese foi confirmada pelos elementos destacados, no sentido de que as experiências do Quilombo Aroeira em Pedro Avelino-RN se constituem expressão do Direito Achado na Rua.

A importância do estudo empírico realizado é poder utilizar as vozes do quilombo Aroeira através dos documentos e outros estudos, analisando o lugar da fala dos seus sujeitos e, também, por possibilitar tratar do movimento quilombola como um movimento social responsável pelo surgimento do direito, onde nada havia sido escrito ou pesquisado com um olhar dedicado as suas lutas e ao Direito Achado na Rua, articulando, ainda, dois campos de conhecimento: o Serviço Social e o Direito.

Por fim, é possível afirmar que o quilombo Aroeira é, pois, uma expressão do Direito Achado na Rua.

REFERÊNCIAS

ALMEIDA, Alfredo Wagner Berno de. Quilombos: repertório bibliográfico de uma questãoredefinida (1995-1997). **Revista Brasileira de Informação Bibliográfica em Ciências Sociais**, p. 51-70, 1998.

ALMEIDA, Alfredo Wagner Berno de. **Quilombolas e novas.**

Manaus: UEA Edições, 2011.ALMEIDA, Cristóvão Domingos de;

GUINDANI, Joel Felipe; SILVA, Jackson Ronie Sá. Pesquisa documental: pistas teóricas e metodológicas. **Revista brasileira de história &ciências sociais**, v. 1, n. 1, p. 1-15, 2009.

ARAÚJO, Marcelo Claudio. Sertão Cabugi terá segundo encontro de comunidadesquilombolas. **Palmares Fundação Cultural**, 17 nov. 2017. Disponível em:http://www.palmares.gov.br/?p=48249. Acesso em: 01 mai. 2020.

_____. Comunidades do Sertão Cabugi (RN) realizam quarto encontro. **Palmares FundaçãoCultural**, 06 mar. 2018. Disponível em: http://www.palmares.gov.br/?p=49385. Acesso em: 01 mai. 2020.

ARRUTI, José Maurício. "Quilombos". *In*: PINHO, Osmundo; SANZONE, Lívio (Orgs.).
Raça: Perspectivas Antropológicas. Salvador: EDUFBA, 2008.

BEHRING, E. R. ; BOSCHETTI, I. **Política Social: fundamentos e história**. 9. ed. SãoPaulo: Cortez, 2011.

BELTRÃO, Breno Augusto. et al. (Orgs.). **Projeto cadastro de fontes de abastecimento porágua subterrânea.** Diagnóstico do município de Pedro Avelino, estado do Rio Grande do Norte Recife:

CPRM/PRODEEM, 2005.

BRAGA, Luiza Amara Maciel; BARBOSA, Marília Petraglia; RODRIGUES, Cristiana Tristão. **Programa Brasil Quilombola:** Análise do Processo de Implementação. 2016. Disponível em: https://diamantina.cedeplar.ufmg.br/portal/download/diamantina-2016/125-197-1-. Acesso em: 02 mai. 2020.

BRASIL. **Constituição da República Federativa do Brasil de 1988.** Brasília, DF: Presidência da República, 2016. Disponível em: http://www.planalto.gov.br/ccivil_03/Constituicao/Constituiçao.htm. Acesso em: 18 jun.2019.

BRASIL. **Lei N° 3.353, de 13 de maio de 1988.** Declara extinta a escravidão no Brasil.COLEÇÃO DAS LEIS DO IMPÉRIO DO BRASIL, 1888. Disponível em: http://www.planalto.gov.br/ccivil_03/leis/lim/LIM3353.htm?TSPD_101_R0=8d0a44bcce98a753c4e09fef4a960880dv1000000000000000086de9ab1ffff000000000000000000000000000005b2b32cd001089ae26. Acesso em: 4 mai. 2020.

BRASIL. **Instrução Normativa N° 1, de 31 de outubro de 2018.** Estabelece procedimentosadministrativos a serem observados pela Fundação Cultural Palmares nos processos de licenciamento ambiental de obras, atividades ou empreendimentos que impactem comunidades quilombolas. Brasília, DF: Diário Oficial da União, 2018. Disponível em: http://www.in.gov.br/materia/-/asset_publisher/Kujrw0TZC2Mb/content/id/49477935/do1- 2018-11-09-instrucao-normativa-n-1-de-31-de-outubro-de-2018-49477733. Acesso: 01 mai.2020.

BRASIL. **Decreto N° 4.887, de 20 de novembro de 2003.** Regulamenta o procedimento paraidentificação, reconhecimento, delimitação, demarcação e titulação das terras ocupadas por remanescentes das comunidades dos quilombos de que trata o art. 68 do Ato das DisposiçõesConstitucionais Transitórias. Brasília, DF: Diário Oficial da União, 2003. Disponível em:

http://www.planalto.gov.br/ccivil_03/decreto/2003/D4887.htm. Acesso em: 15 mai. 2020.

BRASIL. **Decreto N° 5.051, de 19 de abril de 2004.** Promulga a Convenção n° 169 da Organização Internacional do Trabalho (OIT) sobre Povos Indígenas e Tribais. Brasília: DF,Presidência da República, 2004. Disponível em: http://www.planalto.gov.br/ccivil_03/_ato2004-2006/2004/decreto/d5051.htm. Acesso em: 4mai. 2020.

BRASIL. **Lei n° 13.467, de 13 de julho de 2017.** Altera a Consolidação das Leis do Trabalho(CLT), aprovada pelo Decreto-Lei n° 5.452, de 1° de maio de 1943, e as Leis n.° 6.019, de 3 de janeiro de 1974, 8.036, de 11 de maio de 1990, e 8.212, de 24 de julho de 1991, a fim de adequar a legislação às novas relações de trabalho. Brasília, DF: Presidência da República, 2017. Disponível em: http://www.planalto.gov.br/ccivil_03/_ato2015-2018/2017/lei/l13467.htm. Acesso em: 24 jul. 2019.

BRASIL.Câmara Legislativa Federal. **Proposta de Emenda Constitucional 6 de 2019.**Modifica o sistema de previdência social, estabelece regras de transição e disposições transitórias, e dá outras providências. Disponível em: https://www.camara.leg.br/proposicoesWeb/fichadetramitacao?idProposicao=2192459 Acesso em: 24 jul. 2019.

BRASIL. **Lei N° 10.406, de 10 de janeiro de 2002.** Institui o Código Civil. Brasília: DiárioOficial da União: 2002. Disponível em: http://www.planalto.gov.br/ccivil_03/leis/2002/l10406.htm. Acesso em: 4 mai. 2020.

BRITO, Lauro Gurgel de. **Cidade e democracia:** agenda das novas arenas de luta urbana apartir do Movimento Pau de Arara. 2018. 250 f. il. Tese - (Doutorado em Direito), Universidade de Brasília, Brasília, 2018.

CANOTILHO, J. J. G. **Direito Constitucional**. Coimbra: Albertina, 1998.

CASCUDO, Luís da Câmara. **Notas e Documentos para A História de Mossoró**. Coleção OMossoroense, Série C, Volume II, 1953.

CASCUDO, Luís da Câmara. **Histórias do Rio Grande do Norte**. Rio de Janeiro. Ministério da Educação eCultura. Serviço de Documentação, 1955.

CAVIGNAC, J. A. A etnicidade encoberta: 'índios' e 'negros' no Rio Grande doNorte. **Mneme - Revista de Humanidades**, v. 4, n. 08, 30 jun. 2010.

CAVIGNAC, Julie A.; MACÊDO, Muirakytan K. de; NASCIMENTO, José Clewton do.(Coords.). **Guia Cultural Afro do Seridó**. Natal: UFRN, 2018.

CERTIFICAÇÃO Quilombola. **Palmares Fundação Cultural**, 2020. Disponível em:http://www.palmares.gov.br/?page_id=37551. Acesso em: 01 mai. 2020.

CHAUÍ, M. A. Desordem e processo. *In:* LYRA, Doreodó Araújo. **Desordem e processo.**
Porto Alegre: Fabris, 1986.

CHAUÍ, M. A. Filosofia como vocação para a liberdade. **Estudos Avançados**, São Paulo, n. 49,USP, Instituto de Estudos Avançados, 2003.

CHAUÍ, M. A. **Manifestações Ideológicas do Autoritarismo Brasileiro**. Belo Horizonte:Autêntica Editora; Editora Fundação Perseu Abramo, 2014.

CISNE, Mirla. **Feminismo e Consciência de classe no Brasil**. São Paulo: Cortez, 2014.

CATEGORIA: Pedro Avelino. **Projeto Comtrilhas**, 2020. Disponível em:

https://comtrilhasufrn.wordpress.com/category/pedro-avelino/. Acesso em: 20 jul. 2020.

COMUNIDADE quilombola celebra chegada de água encanada e construção de banheiros.**Governo do Estado do Rio Grande do Norte**, 22 jan. 2018. Disponível em: http://rnsustentavel.rn.gov.br/?pag=87&pg=noticias&id=871. Acesso em: 01 mai. 2020.

COSTA, Alexandre Bernardino. et al. (Orgs.). **O Direito achado na rua:** Introdução críticaao direito à saúde. Brasília: CEAD/ UnB, 2009. 460 p.

COUTINHO, Carlos Nelson. Notas sobre cidadania e modernidade. Praia Vermelha, v. 1, n.1, p. 145-166, 1997.

COUTINHO, Carlos Nelson. Notas sobre cidadania e modernidade. **Revista Ágora:** Políticas Públicas e ServiçoSocial, Ano 2, n. 3, 2005.

DECLARAÇÃO Universal dos Direitos Humanos. **"Nações Unidas"**, 1948. Disponível em:http://www.un.org/en/universal-declaration-human-rights/. Acesso em: 24 jul. 2019.

DURIGUETTO, Maria Lúcia; MONTAÑO, Carlos. **Estado, Classe e Movimento Social.**
São Paulo: Cortez, 2010. (Biblioteca Básica de Serviço Social, v. 03).

ENGELS, Friedrich ; MARX, Karl. **O manifesto do partido comunista.** Porto Alegre:L&PM, 2001.

ENGELS, Friedrich ; MARX, Karl. **A origem da família, da propriedade privada e do Estado**. 9 ed. Trabalho relacionado com as investigações de L.H. Margan. Rio de Janeiro: Editora Civilização Brasileira S/A, 1984.

FEMENICK, Tomislav R. **Os Herdeiros de Deus:** A aventura dos descobrimentos e osnegócios da colonização. São Paulo. CenaUn, 2000.

FERNANDES, Florestan. **Significado do protesto negro**. São Paulo: Expressão Popular co-edição Editora da Fundação Perseu Abramo, 2017.

FERNANDES, Florestan. **A integração do negro na sociedade de classes**. São Paulo: Cia Editora Nacional,1965.

FREIRE, Maíra Samara de Lima. **É a luta da gente!**: juventude e etnicidade na comunidade Quilombola de capoeiras (RN). 2012. 171 f. Dissertação (Mestrado em Antropologia Social) -Universidade Federal do Rio Grande do Norte, Natal, 2012.

FICHEIRO: Rio Grande do Norte. Município Pedro Avelino. **Wikipédia**, 2006. Disponível em: https://pt.wikipedia.org/wiki/Ficheiro:RioGrandedoNorte_Municip_ PedroAvelino.svg.Acesso em: 4 mai. 2020.

GENRO, Tasso Fernando. Direito e Avesso. **Boletim da Nova Escola Jurídica Brasileira**.Brasília, DF: Edições NAIR, 1982.

GOHN, Maria da Glória. **Teoria dos movimentos sociais:** o debate contemporâneo. 6. ed.Edição. São Paulo: Unicamp/CNPq, 2011.

GOHN, Maria da Glória. **Teoria dos Movimentos Sociais:** paradigmas clássicos e contemporâneos. SãoPaulo: Edições Loyola, 1997.

GOMES, Nilma Lino. **Uma dupla inseparável:** cabelo e cor da pele. In BARBOSA, LúciaMaria de Assunção; SILVA, Petronilha Beatriz Gonçalves e; SILVÉRIO, Valter Roberto (Org.). De preto a afro-descendente: trajetos de pesquisa sobre o negro, cultura negra e relações étinico-raciais no Brasil. São Carlos: EdUFSCar, 2003.

IASI, Mauro Luis. **Ensaios sobre consciência e emancipação.** São Paulo: ExpressãoPopular, 2007.

IBGE. **Censo 2010**. Disponível em: https://censo2010.ibge.gov.br. Acesso em: 4 mai. 2020.

INCRA conclui primeira etapa da regularização das comunidades quilombolas Aroeira e Pavilhão (RN). **Portal Ypadê**, 12 jul. 2016. Disponível em: http://portalypade.mma.gov.br/noticias/372-incra-conclui-primeira-etapa-da-regularizacao- das-comunidades-quilombolas-aroeira-e-pavilhao-rn. Acesso em: 4 mai. 2020.

INCRA reconhece comunidade quilombola Aroeira, na região central potiguar. **G1 RN**, 30 mai. 2018. Disponível em: https://g1.globo.com/rn/rio-grande-do-norte/noticia/incra-reconhece-comunidade-quilombola-aroeira-na-regiao-central-potiguar.ghtml. Acesso em: 11abr. 2020.

INCRA. **Regularização de território quilombola:** perguntas e respostas. Instituto Nacionalde Colonização e Reforma Agrária. Diretoria de Ordenamento da Estrutura Fundiária. Coordenação Geral de Regularização de Territórios Quilombolas - DFQ, 2017. Disponível em: http://www.incra.gov.br/sites/default/files/incra-perguntasrespostas-a4.pdf. Acesso em:01 mai. 2020.

IHERING, Rudolf Von. **A Luta Pelo Direito**. Tradução João Vasconcelos. Rio de Janeiro:Forense, 2004.

KELSEN, Hans. **Teoria pura do direito**. Tradução de João Baptista Machado. 6. ed. SãoPaulo: Martins Fontes, 1998.

LEITE, Ilka Boaventura. Os quilombos no Brasil: questões conceituais e normativas.
Etnográfica, v. 4, n. 2, p. 333-354, 2000.

_____. Quilombos e quilombolas: cidadania ou folclorização? **Horizontes antropológicos,** v. 5, n. 10, p. 123-149, 1999.

LEMOS, Eduardo Xavier. Considerações sobre o humanismo dialético e o direito achado na rua. **Estado de Direito**, 3 abr. 2019. Disponível em: http://estadodedireito.com.br/consideracoes-sobre-o-humanismo-dialetico-e-o-direito-achado- na-rua/. Acesso em: 4 mai. 2020.

LYRA FILHO, Roberto. **O que é Direito?** São Paulo: Editora Brasiliense, Coleção PrimeiroPassos, 1982.

LYRA FILHO, Roberto. A nova escola jurídica brasileira. Direito e Avesso. **Boletim da NovaEscola Jurídica Brasileira Brasília**: Edições Nair, n. 01, 1982.

LYRA FILHO, Roberto. Desordem e processo. *In:* LYRA, Doreodó Araújo. **Desordem e processo.** Porto Alegre: Fabris, 1986.

HISTÓRIAS e Modos de Vida das Comunidades Remanescentes de Quilombos. Bela Vista, Piató, Curalinho, Cabeço dos Mendes e Aroeira (Rio Grande do Norte- Brasil), financiado pela Giovanni Saguinetti Transmissora de Energia S.A. Projeto Básico Ambiental Quilombola (PBA-Q) da futura linha de transmissão Assú III - João Câmara III-C. Divisão Meio Ambiente Arcadis, 2019.

MAIA, A. F. R. (Coord.). **Vingt-un Rosado:** a saga da abolição mossoroense. Mossoró: Fundação Guimarães Duque; Fundação Vingt-un Rosado, 2002. (Coleção Mossoroense, SérieC, Vol. 1272).

MAIA, Gustavo. Advogados entram com HC coletivo no STF para impedir prisão em 2ª instância. **UOL Eleições 2018**, 19 mar. 2018. Disponível em: https://noticias.uol.com.br/politica/eleicoes/2018/noticias/2018/03/19/advogados-entram-com- hc-coletivo-no-stf-para-impedir-prisao-em-2-instancia.htm. Acesso em: 4 mai. 2020.

MALHEIRO, Agostinho Marques Perdigão. Escravidão no Brasil - Vol. I - Fonte
digital Digitalização de edição em papel de 1866. Rio de Janeiro - Typografia Nacional - Ruada Guarda Velha 1866 Transcrição para

eBook eBooksBrasil.

MARX, K. ENGELS, F. **A ideologia alemã**. Trad. Álvaro Pina. São Paulo: Expressãopopular, 2009.

MORAIS, Glória Cristina de Oliveira. **Entre parentes:** cotidiano, religiosidade e identidadena Serra de Portalegre/RN. 2005. 160 f. Dissertação (Mestrado em Desenvolvimento Regional; Cultura e Representações) - Universidade Federal do Rio Grande do Norte, Natal,2005.

MORIN, Edgar, **1921- A cabeça bem-feita:** repensar a reforma, reformar o pensamento. TTradução Eloá Jacobina. 8. ed. Rio de Janeiro: Bertrand Brasil, 2003.

MOTTA, Daniele. As particularidades do regime de classe no Brasil segundo Florestan Fernandes. V SIMPÓSIO INTERNACIONAL LUTAS SOCIAIS NA AMÉRICA LATINA
"Revoluções nas Américas: passado, presente e futuro". **Anais**, p. 117-131, 2003.

MOURA, Clovis. **Quilombos, Resistência ao Escravismo**. São Paulo: Editora Ática, 1987.

MUNANGA, Kabengele; GOMES, Nilma Lino. **O negro no Brasil de hoje**. São Paulo:Global, 2006.

NETTO, Menelick de Carvalho. O direito achado na rua: concepção e prática. **Justificando**, 2 nov. 2015. Disponível em: https://www.justificando.com/2015/11/02/o-direito-achado-na-rua-concepcao-e-pratica/. Acesso em: 4 mai. 2020.

"O Direito deve ser achado na lei e não na rua", diz presidente do STF. **Supremo TribunalFederal**, 6 ago. 2008. Disponível em: www.stf.jus.br/portal/cms/verNoticiaDetalhe.asp?idConteudo=94229. Acesso em: 4 mai. 2020.

OLIVEIRA, Alexandra Maria de. PEREIRA, Camila da Silva. A titulação coletiva de terras quilombolas e os conflitos por direitos territoriais no estado do Rio Grande do Norte, Brasil. **Ateliê Geográfico**, v. 13, n. 1, p. 150–169-150–169, 2019.

OLIVEIRA, Mara de; BELLO, Enzo. O método do materialismo histórico e dialético no cenário atual da pesquisa científica no Brasil. *In*: BELLO, Enzo; ENGELMANN, Wilson (Coords.). **Metodologia da pesquisa em direito** [E-book]. Caxias do Sul, RS: Educs, 2015.

O'DWYER, Eliane Cantarino. (Org.). **Quilombos:** identidade étnica e territorialidade. Rio de Janeiro : Editora FGV, 2002. Co-edição: Associação Brasileira de Antropologia.

PALMARES Fundação Cultural. 2020. Disponível em: http://www.palmares.gov.br/?page_id=538. Acesso em: 04 mai. 2020.

PEDRO Avelino sediou o II Encontro de Comunidades Quilombolas do Sertão Cabugi.**Prefeitura Municipal de Pedro Avelino**, 13 dez. 2017. Disponível em: http://pedroavelino.rn.gov.br/pedro-avelino-sediou-o-ii-encontro-de-comunidades- quilombolas-do-sertao-cabugi/. Acesso em: 05 mai. 2020.

PEREIRA, Anthony W. A tradição da legalidade autoritária no Brasil. *In*: SOUSA JUNIOR,José Geraldo de. **O direito achado na rua:** Introdução Crítica À Justiça De Transição Na América Latina. Brasília, DF: UNB, 2015. (O Direito Achado Na Rua, V. 7).

PIMENTEL, Alessandra. O método da análise documental: seu uso numa pesquisahistoriográfica. **Cadernos de pesquisa**, n. 114, p. 179-195, 2001.

POUTIGNAT, Phillipe; STREIFF-FENART, Jocelyne. **Teorias da etnicidade:** seguido degrupos étnicos e suas fronteiras de Fredrik Barth. São Paulo: Editora fundação da Unesp, 1998.

PRESIDENTE da Fundação Palmares diz que escravidão foi

'benéfica'. **R7 Brasil**, 27 nov. 2019. Disponível em: https://noticias.r7.com/brasil/presidente-da-fundacao-palmares-diz-que-escravidao-foi-benefica-27112019. Acesso em: Acesso em: 4 mai. 2020.

PROGRAMA da UFRN discute discriminação racial e cultura afro-brasileira. CRESS/RN -**Conselho Regional de Serviço Social do RN**, 23 jan. 2013. Disponível em: http://cressrn.org.br/noticias/ver/207. Acesso em: 30 abr. 2020.

PROJETO eólico no Rio Grande do Norte apoiado pelo BNDES fornecerá energia limpa a800 mil residências. **BNDES - O Banco Nacional do Desenvolvimento**, 29 jan. 2020. Disponível em: https://www.bndes.gov.br/wps/portal/site/home/imprensa/noticias/conteudo/projeto-eolico-no-rio-grande-do-norte-apoiado-pelo-bndes-fornece-a-energia-limpa-a-800-mil-residencias. Acesso em: 02 mai. 2020.

QUILOMBO? Quem Somos Nós! Resiliência Quilombola. **CONAQ - Coordenação Nacional de Articulação das Comunidades Negras Rurais Quilombolas**, 2020. Disponívelem: http://conaq.org.br/quem-somos/. Acesso em: 01 mai. 2020.

QUILOMBOLAS. **Instituto Nacional de Colonização e Reforma Agrária**, 28 jan. 2020.Disponível em: http://www.incra.gov.br/pt/quilombolas. Acesso em: 03 mai. 2020.
QUIROGA, Consuelo. **Invasão positivista no marxismo:** Manifestações no ensino dametodologia no serviço social. São Paulo: Cortez, 1991.

REIS, Ana Beatriz Oliveira. O objeto de pesquisa em ciências sociais: para além da contemplação. *In*: BELLO, Enzo; ENGELMANN, Wilson (Coords.). **Metodologia dapesquisa em direito** [E-book]. Caxias do Sul, RS: Educs, 2015.

ROUSSEAU, Jean-Jacques. **Do contrato social.** São Paulo: Abril Cultural, 1973. (ColeçãoOs Pensadores).

SAFFIOTI, Heleieth Iara Bongiovani. **A Mulher na Sociedade de Classes:** mito e realidade;prefácio de Antônio Cândido de Mello & Souza. Petrópolis: Vozes, 1976.

SANTOS, Boaventura de Sousa. **Na oficina do sociólogo artesão:** aulas 2011-2016. Seleção,revisão e edição Maria Paula Meneses, Carolina Peixoto. São Paulo : Cortez, 2018.

SANTOS, Boaventura de Sousa. **A crítica da razão indolente – Contra o desperdício da experiência.** São Paulo:Cortez, 2000.

SANTOS, Boaventura de Sousa. **Pela Mão de Alice:** o social e o político na pós-modernidade. Porto: Afrontamento,1994.

SANTOS, Boaventura de Sousa. Para além do pensamento abissal: das linhas globais a uma ecologia de saberes. **Revista crítica de Ciências Sociais**, n. 78, p. 3-46, 2007.

SANTOS, José Antônio dos. História e cultura afro-brasileira e movimento negro. **Momento-Diálogos em Educação**, v. 22, n. 2, p. 39-64, 2013.

SANTOS, Luana Paula Moreira. Assumir ou publicizar: a sexualidade entre os limites da açãoindividual e as possibilidades do sujeito coletivo, diálogos feministas. *In*: QUEIROZ, Fernanda Marques de; CISNE, Mirla; GURGEL, Telma. **Feminismo e Serviço Social:** debates contemporâneos. Mossoró: EdUERN, 2018.

SANTOS, Silvana Mara Morais. Há necessidade dos direitos humanos para a formação deuma cultura política emancipatória? **Temporalis,** ano 3, n. 5, pp. 23-39, 2002.

SANTOS, Simone Ritta dos. **Comunidades Quilombolas:** as lutas por reconhecimento dedireitos na esfera pública brasileira. 2012. 197 f. Tese (Doutorado em Serviço Social) - Programa de Pós-Graduação da Faculdade de Serviço Social, Faculdade de Serviço Social,Pontifícia Universidade Católica do Rio Grande do Sul, Porto

Alegre, 2012.

SAUER, Sérgio; SOUZA, Marcos Rogério de. Estado democrático de direito e movimentos sociais: criminalização e legitimidade do MST. *In*: COSTA, Alexandre Bernadino. (Org.). **Direito Achado na Rua**: Nossa conquista é do tamanho da nossa luta. Rio de Janeiro: LúmenJúris, 2017. (Coleção Direito Vivo, v. 03).

SECRETARIA MUNICIPAL DE EDUCAÇÃO E CULTURA DE PEDRO AVELINO/RN. **Projeto Político Pedagógico do Centro Municipal de Ensino Rural Professora Alba Bezerra Antas**. 2020.

SEN, Amartya. **Desenvolvimento como liberdade**. São Paulo:

Companhia das Letras, 2010.SEPPIR. **Programa Brasil**

Quilombola. Brasília, 2004.

SILVA, Daniel Neves. Zumbi dos Palmares. **História do Mundo**, 2020. Disponível em: https://www.historiadomundo.com.br/idade-moderna/zumbi-dos-palmares.htm. Acesso em:05 mai. 2020.

SILVA, Fábio Costa Morais Sá e. **Ensaio Jurídico:** a descoberta de novos saberes para ademocratização do direito e da sociedade. Porto Alegre: Sérgio Antonio Fabris Ed., 2007.

SILVA, Joseane Maia Santos. **Tecendo estórias das comunidades remanescentes de quilombolas aqui e acolá**. 2010. 300 f. Tese (Doutorado em Estudos Comparados de Literaturas de Língua Portuguesa) - Faculdade de Filosofia, Letras e Ciências Humanas, Universidade de São Paulo, São Paulo, 2010.

SILVA, Paulo Vinicius Baptista da; TRIGO, Rosa Amália Espejo; MARÇAL, José Antonio.Movimentos negros e Direitos Humanos. *In*: NUNES, Georgina Helena; GOMES, Arilson dos Santos; BAPTISTA, Jean Tiago Movimentos negros e direitos humanos. **Rev. Diálogo Educ., Curitiba**, v. 13, n. 39, p. 559-581, maio/ago.

2013.

SOARES, Ingrid. Presidente da Fundação Palmares nega racismo, e pede fim do movimento negro. **Correio Braziliense**, 27 nov. 2019. Disponível em: https://www.correiobraziliense.com.br/app/noticia/politica/2019/11/27/interna_politica,80969 9/presidente-da-fundacao-palmares-nega-racismo-e-pede-fim-do-movimento.shtml. Acesso em: 4 mai. 2020.

SOARES, Leopoldo Rocha; PIACENTIN, Antonio Isidoro. A organização social das comunidades remanescentes de quilombos e democracia: a constituição brasileira além do multiculturalismo. *In:* WOLKMER, Antonio Carlos; VIEIRA, Reginaldo de Souza Vieira (Orgs.). **Direitos humanos e sociedade [recurso eletrônico]**. Santa Cruz do Sul: Essere nelMondo, 2018.

SOUZA, Bárbara Oliveira. **Aquilombar-se:** panorama histórico, identitário e político do Movimento Quilombola Brasileiro. 2008. 204 f. Dissertação (Mestrado em Antropologia Social) - Universidade de Brasília, Brasília, 2008.

SOUSA JÚNIOR, José Geraldo de. **Direito como Liberdade:** O Direito Achado na Rua Experiências Populares Emancipatórias de Criação do Direito. 2008. 338 p. Tese (Doutoradoem Direito) - Universidade de Brasília, Faculdade de Direito, Programa De Pós-Graduação em Direito, Brasília, 2008.

SOUSA JÚNIOR, José Geraldo de. et al. **O Direito Achado na Rua:** Introdução Crítica à Justiça de Transição naAmérica Latina. Brasília, DF: UNB, 2015. (O direito achado na rua, v. 7).

SOUSA JÚNIOR, José Geraldo de. **Direito Como Liberdade:** o direito achado na rua. Porto Alegre: Sergio AntonioFabris Editor, 2011.

SOUSA JÚNIOR, José Geraldo de. et al. (Orgs.). **Introdução crítica ao direito à comunicação e à informação.**
Brasília: FACUnB, 2016.

SOUSA JÚNIOR, José Geraldo de; FONSECA, Lívia Gimenes Dias da. O constitucionalismo achado na rua: uma proposta de descolonização do Direito. **Revista Direito e Práxis**, Rio de Janeiro, v. 8, n. 4, p. 2882-2902, out./dez. 2017. Disponível em: http://www.scielo.br/pdf/rdp/v8n4/2179-8966-rdp-8-4-2882.pdf. Acesso em: 07 abr. 2020.

SUPREMO TRIBUNAL FEDERAL. **ARGÜIÇÃO DE DESCUMPRIMENTO DE PRECEITO FUNDAMENTAL 132 RIO DE JANEIRO.** Brasília, 2011. Disponível em: http://redir.stf.jus.br/paginadorpub/paginador.jsp?docTP=AC&docID=628633. Acesso em: 4mai. 2020.

TOURAINE, Alain. **Collective action at the end of the global century.** Conferência de abertura do international conference of the RC social movements and social classes. ISA; Santa Cruz; California, 1996.

TOURAINE, Alain. A sociologia pública e o fim da sociedade. **CADERNO CRH**, V. 22, N. 56, P. 245- 254, 2009. Artigo originalmente publicado em Clawson, Dan *et al*. Public sociology: fifteen eminent sociologists debate politics and the profession in the twenty-first century. Berkeley:University of California Press, 2007. Traduzido por Fernando Rogério Jardim.

TOURAINE, Alain. **Crítica da Modernidade**. Lisboa: Instituto Piaget, 1994.

VALLE, Carlos Guilherme Octaviano do. **Quilombolas de Acauã:** família, cor e política noRio Grande do Norte do século XXI. Natal: EDUFRN, 2013.

WOLKMER, Antônio Carlos. **Pluralismo jurídico:** fundamentos de uma nova cultura dodireito. 3. ed. São Paulo: Alfa-Omega, 2001.

WOLKMER, Antônio Carlos. **Pluralismo Jurídico:** nuevo marco emancipatorio en América Latina. CENEJUS,2003.

www.ingramcontent.com/pod-product-compliance
Lightning Source LLC
Chambersburg PA
CBHW071207240526
45470CB00018B/1543